영혼을 살리는 설교 4

하나님의 음성과 순종

목차

　오랜 만에 친한 사람으로부터 전화를 받으면 기쁘다. 목소리가 반
갑다. 사랑하는 사람의 음성을 들으면 반갑고 기쁘다. 그러므로 연
인 사이에는 음성을 듣고 싶어 전화를 자주한다. 이처럼 친한 사람
이나 사랑하는 사람의 음성 듣기를 좋아하는 것은 믿는 자나 믿지
않는 자나 동일하다.

　그러나 믿는 자들은 한 가지 더 듣고 싶어하는 음성이 있다. 믿지
않는 자들은 이 음성을 들을 수 없다. 이러한 음성이 있는 지도 모른
다. 그것은 하나님의 음성이다. 믿는 자들에게 이 음성은 오래 동안
연락이 없는 어떤 그리운 사람의 음성보다 더 듣고 싶은 음성이다.

　듣는다는 단어에는 두 가지 의미가 있다. 하나는 귀로 소리를 듣
는 것이다. 다른 하나는 말한 대로 행하는 것이다. 부모가 자식에게
내 말을 들으라고 하면 부모가 말한대로 행하라는 뜻이다. 순종의
의미이다.

　성경은 들을 귀 있는 자는 들으라고 말씀한다. 이 표현은 귀가 성
한 사람만 들을 수 있다는 의미가 아니다. 말의 뜻을 이해하고 순종
할 사람만 들으라는 것이다. 이처럼 사람들은 단순히 귀로 소리를
듣는 것과 말한 대로 하는 것을 같은 의미의 언어로 사용한다. 그렇
다면 듣는다는 언어의 두 가지 의미를 연결하면 음성을 듣고 싶어하
는 것은 그 음성에 순종하고 싶다는 의미가 잠재해 있는 것이다.

　그러나 하나님의 음성을 듣고 싶어하는 사람도 막상 들은 후에는

그대로 행하지 않는 경우가 있다. 성경은 이렇게 하는 것을 하나님께 불순종한다고 표현한다. 믿는 자들은 성경을 읽음으로 하나님의 음성을 들을 수 있다. 성령의 감동으로 들을 수도 있다. 음성을 듣는 목적은 그대로 행하기 위한 것이다. 하나님의 말씀대로 행하는 이유는 하나님께 순종하기 위한 것이다. 하나님께 순종하는 이유는 구원받기 위한 것이다.

그러므로 들을 귀가 있다는 것은 구원받을 귀가 있다는 의미이다. 들을 귀가 있는 사람은 예수님의 설교를 듣고 그대로 행한다. 예수님의 제자들은 들을 귀가 있었다. 바리새인들은 들을 귀가 없었다. 삭개오는 구원받을 귀가 있었다. 부자 청년은 구원받을 귀가 없었다.

이 책은 사람들이 들을 귀가 있는 지를 시험할 것이다. 들을 귀가 없는 사람들에게는 하나님의 음성을 듣는 방법을 알려줄 것이다. 하나님의 음성에 순종하는 자의 복과 순종의 위력을 증거할 것이며 순종하지 않는 자들이 받는 심판을 보여줄 것이다.

그리하여 하나님을 믿는다고 하면서 불순종으로 멸망하는 자들이 없게 할 것이다. 이 책을 통하여 역사하는 성령의 능력이 여러분에게 들을 귀, 구원받을 귀를 주실 것이다.

I
하나님의 음성

1
하나님의 음성을 듣는 법

"진실로 진실로 너희에게 이르노니 죽은 자들이 하나님의 아들의 음
성을 들을 때가 오나니 곧 이 때라 듣는 자는 살아나리라"(요한복음
5:25).
"이를 놀랍게 여기지 말라 무덤 속에 있는 자가 다 그의 음성을 들을
때가 오나니" "선한 일을 행한 자는 생명의 부활로, 악한 일을 행한
자는 심판의 부활로 나오리라"(요한복음 5:28-29).

하나님의 음성을 듣는 법에 관한 책들이 많이 있습니다. 책의 제
목만 보면 하나님의 음성을 듣는 특별한 비법이 있는 듯이 느껴집니
다. 이 설교의 제목도 하나님의 음성을 듣는 방법입니다.

그러나 이 설교는 특별한 비법을 소개하려는 것은 아닙니다. 몇 가
지 평범한 내용을 정리하여 여러분에게 하나님의 음성을 듣는 방법
과 그 말에 순종해야 하는 것을 가르치려고 합니다.

그리고 하나님의 음성을 듣는 것은 특별한 은사나 신비로운 체험
이 아니라는 것과 예수를 믿기만 하면 누구든지 상세하게 하나님의
음성을 들을 수 있다는 것을 말씀드리려는 것입니다.

하나님은 믿는 자들의 아버지입니다. 아버지는 자녀와 대화하기를
원합니다. 그리고 아버지가 말씀하는 말을 자녀가 잘 듣기 원합니다.

그러므로 아버지는 자녀가 이해할 수 있도록 말씀합니다.

어린 자녀에게는 쉬운 용어를 사용할 것이며 성숙한 자녀에게는 다소 어려운 용어나 비유로 말씀할 수도 있습니다. 쉬운 말로 하든지 어려운 말로 하든지 자녀가 이해할 수 있도록 말씀할 것은 분명합니다. 왜냐하면 그래야 자녀가 말을 듣고 실행할 수 있기 때문입니다.

이처럼 하나님은 쉬운 말로 자녀들과 소통하기를 원한다는 사실을 전제하면 하나님의 음성을 듣는 것이 어려운 것이 아니라는 추론도 쉽게 할 수 있습니다. 그리고 그것은 앞으로 설명하는 내용들을 들으면 다시 확증될 것입니다.

하나님이 말씀하는 방법을 일곱 가지로 나누겠습니다. 그리고 항목별로 가중치를 정하여 말씀드리겠습니다. 하나님이 말씀하는 방법을 전체 100퍼센트로 놓고 보았을 때에 항목별로 비중을 정한 것입니다.

첫째, 성경	80%
둘째, 주의 종의 설교와 권면	10%
셋째, 성도 간의 교제와 대화	3%
넷째, 상황	3%
다섯째, 성령의 감동	3%
여섯째, 꿈과 환상	0.9%
일곱째, 하나님의 실제 음성	0.1%

이상의 일곱 가지 항목을 모두 합산하면 100퍼센트가 됩니다. 이렇게 비중을 정한 것은 개인적으로 받은 영감입니다. 사람마다 가중치를 두는 것이 다를 수 있지만 설교를 들으면 여러분도 대체로 공감할 것입니다. 하나님의 음성을 듣는 방법을 항목별로 살펴보겠습니다.

첫째, 성경 말씀을 통하여 하나님의 음성을 들을 수 있습니다. 성경을 읽고 묵상하고 내용을 기억하는 것이 하나님의 음성을 듣는 것입니다. 하나님은 이미 구약과 신약 성경 두 권을 통하여 거의 다 말씀을 해 놓았습니다. 그러니 하나님의 음성을 듣기 원하면 우선 성경을 읽어야 합니다.

성경을 알면 하나님이 다른 방법으로 말씀할 때에도 성경 말씀을 조명함으로써 더욱 분명하게 들을 수 있습니다. 그러므로 성경을 주야로 묵상하고 공부하는 것은 하나님의 음성을 가장 바르게 많이 들을 수 있는 가장 기본적이고 중요한 방법입니다. 그러므로 비중을 80퍼센트로 높게 정한 것입니다.

둘째, 주의 종을 통하여 하나님의 음성을 들을 수 있습니다. 참 목사는 여러분에게 하나님의 음성을 성경 말씀처럼 분명하게 들려줍니다. 그리고 참 목사의 권면이나 예언의 말씀도 동일하게 하나님의 음성으로 들어야 합니다. 데살로니가전서 2장 13절을 보겠습니다.

"이러므로 우리가 하나님께 끊임없이 감사함은 너희가 우리에게 들은 바 하나님의 말씀을 받을 때에 사람의 말로 받지 아니하고 하나님의 말씀으로 받음이니 진실로 그러하도다 이 말씀이 또한 너희 믿는 자 가운데서 역사하느니라"(살전 2:13).

여러분이 참 목사를 만났다면 그의 가르침과 모든 말씀을 귀 기울여 듣고 그대로 행하는 것이 믿음 생활에서 매우 중요합니다. 성경 말씀을 생활에 적용하는 지혜를 얻을 수 있습니다. 이 부분은 비중을 10퍼센트로 정하였습니다.

셋째, 성도 간의 교제와 대화를 통하여 하나님의 음성을 들을 수 있습니다. 교회는 믿는 자들이 둘 이상 모이는 곳입니다. 성도들이 교제와 권면을 하는 곳입니다. 영력이 아무리 뛰어나고 믿음이 좋아도 혼자서 믿음 생활을 할 수 없는 것은 마치 시력이 아무리 좋아도 자신의 등 뒤는 볼 수 없는 것과 같은 이치입니다. 등 뒤는 다른 사람이 봐주어야 합니다. 이것이 교회를 이루어야 하는 중요성입니다.

교회를 이루어 성도 간에 교제하고 그 교제를 통하여 하나님의 음성을 들을 수 있습니다. 성도 간의 교제를 통하여 하나님의 음성을 듣기 위하여는 겸손해야 합니다. 상대방의 말에 귀를 기울이는 자세가 필요합니다. 듣기 싫은 소리까지도 들을 줄 알아야 합니다. 혹시 이 형제를 통하여 하나님이 나에게 말씀하지 않는지 살펴야 합니다.

그러할 때에 하나님의 음성을 들을 수 있습니다. 다른 성도의 말을 모두 받아들이라는 것은 아닙니다. 권면의 말이 성경적인지를 조명하고 지혜로운 일인지도 판단해야 할 것입니다. 이 부분의 비중을 3퍼센트로 정하였습니다.

넷째, 상황을 통하여 하나님의 음성을 들을 수 있습니다. 이 말씀은 어떤 일이 막히면 하지 말고 열리면 하라는 것입니다. 항상 상황을 예의 주시하면서 하나님의 음성을 들으려고 해야 합니다.

스스로 상황을 시험해 보는 것도 한 방법입니다. 예를 들어 길이 두 곳이 있는데 어느 길로 가야 할지 분명한 음성을 들을 수 없을 때에 한 쪽 길로 들어가 보는 것입니다. 그러면 그 길이 맞는지 아니면 돌아 나와서 다른 길로 가야 하는지 하나님의 음성을 들을 수 있습니다.

사도행전 16장 6절에서 8절까지를 보겠습니다.

"성령이 아시아에서 말씀을 전하지 못하게 하시거늘 그들이 브루기아와 갈라디아 땅으로 다녀가" "무시아 앞에 이르러 비두니아로 가고자 애쓰되 예수의 영이 허락하지 아니하시는지라" "무시아를 지나 드로아로 내려갔는데" (행 16:6-8).

이 구절은 사도 바울이 전도 여행을 가려는 데 성령이 가려는 곳을 막고 다른 곳으로 인도하는 장면입니다. 이처럼 어느 한 가지를 선택 해봄으로써 하나님의 음성을 들을 수 있습니다.

상황을 판단할 때에도 우선 성경 말씀에 비추어 보아야 하며 하나님께 지혜도 구해야 합니다. 깨어 기도하며 길을 구하면 상황을 통하여 말씀하는 하나님의 음성을 들을 수 있습니다. 이 부분의 비중은 3퍼센트로 정하였습니다.

다섯째, 성령의 감동으로 하나님의 음성을 들을 수 있습니다. 성령의 감동으로 하나님의 음성을 들을 때에는 매우 신중해야 합니다. 자신의 생각을 성령의 감동으로 여기는 경우가 많기 때문입니다.

그것이 성령의 감동이라면 당연히 따라야 하겠지만 그것이 자신의 생각이라면 낭패를 보게 됩니다. 성령의 감동은 말씀과 기도 생활을 성실하게 하는 사람에게 주어집니다. 하나님과 늘 교통하므로 성령의 감동과 자신의 생각을 분별할 수 있습니다.

이것은 성경 말씀으로 직접 이야기 하는 것과는 다른 것입니다. 예를 들어 가난한 자를 구제하라는 성경 말씀을 읽고 구제해야 하겠다는 결심이 서는 것은 성경 말씀으로 하나님의 음성을 들은 것입니다. 그런데 구제하라는 성경 구절을 묵상할 때에 특정한 사람이나 교회에 구제 헌금을 해야 하겠다는 마음이 오면 그것은 성령의 감동으로 하나님의 음성을 들은 것입니다.

이처럼 성령의 감동으로 하나님의 음성을 듣는 것은 말씀 생활과 밀접한 관계가 있습니다. 성경 말씀을 매일 충분히 먹지 않으면 성령의 감동으로 하나님의 음성을 들을 수 없습니다.

말씀을 모르고 기도에만 열심인 사람들이 있습니다. 성경은 읽지 않으면서 꿈과 환상을 자주 말하는 사람들이 있습니다. 이들은 성령의 감동을 받기 보다는 미혹될 가능성이 높습니다. 자신의 생각을 타고 역사하는 마귀의 속임에 넘어가서 미혹 받는 것입니다.

이것이 성령의 감동으로 하나님의 음성을 들을 때에 가장 유의해야 할 점 중에 하나입니다. 그러므로 성령의 감동을 받았다는 말을 하거나 그대로 실천을 할 때에는 매우 신중해야 합니다. 깨어 살피며 자신의 생각이 아닌지 점검해야 합니다. 이 부분의 비중은 3퍼센트로 정하였습니다.

여섯째, 꿈과 환상을 통해 하나님의 음성을 들을 수 있습니다. 꿈과 환상을 통하여 하나님의 음성을 듣기 위하여는 우선 꿈의 성경적인 의미에 대한 지식이 필요합니다. 간단히 그 의미를 설명하겠습니다.

첫째, 꿈은 인간이 가장 기본적이고 공통적으로 경험하는 신령한 체험으로 그 내용과 상관없이 하나님이 주는 것입니다. 의미가 없는 꿈, 소위 개꿈이라는 것은 없습니다.

둘째, 하나님은 꿈을 통하여 크게 두 가지를 말씀합니다. 하나는 미래에 일어날 일을 예언적으로 보여줍니다. 다른 하나는 어떤 일을 행하도록 지시합니다. 열한 개의 볏단이 일어나 요셉의 볏단에 절을 한 것은 요셉의 열한 형제들이 요셉에게 절을 하게 될 것을 예언한 것입니다. 아기 예수의 아버지 요셉은 꿈에 지시함을 받아 애굽으로 피신을 하였습니다. 하나님이 꿈으로 요셉에게 지시한 것입니다.

셋째, 꿈을 꾼 후에는 성령께 그 의미를 물어야 합니다. 사실적으로 보여주어 특별한 해석이 필요 없을 때도 있습니다. 비유와 상징으로 보여주어 해석을 해야 할 때도 있습니다. 해석은 성령만이 해줄 수 있습니다.

이러한 꿈에 대한 기본적인 지식을 바탕으로 꿈으로 말씀하는 하나님의 음성을 들을 수 있습니다. 그러나 꿈을 자주 말하는 사람들을 신뢰하는 데는 신중해야 합니다. 꿈을 꾸었다며 거짓을 예언하는 사람들이 있기 때문입니다. 예레미야 23장 25절, 26절을 보겠습니다.

"내 이름으로 거짓을 예언하는 선지자들의 말에 내가 꿈을 꾸었다 꿈을 꾸었다고 말하는 것을 내가 들었노라" "거짓을 예언하는 선지자들이 언제까지 이 마음을 품겠느냐 그들은 그 마음의 간교한 것을 예언하느니라"
(렘 23:25-26).

그러므로 거짓 선지자의 꿈은 겨에, 하나님의 말씀은 알곡에 비유
합니다. 예레미야 23장 28절을 보겠습니다.

"여호와의 말씀이니라 꿈을 꾼 선지자는 꿈을 말할 것이요 내 말을 받은
자는 성실함으로 내 말을 말할 것이라 겨가 어찌 알곡과 같겠느냐" (렘
23:28).

그럼에도 불구하고 꿈과 환상을 통하여 하나님의 음성을 들을 수
있는 것은 사실입니다. 그리고 꿈과 해석을 기록하면 나중에 꿈의 유
익이 큰 것을 경험할 수 있습니다. 이 부분의 비중을 0.9퍼센트로 정
하였습니다.

일곱째, 하나님의 실제 음성을 들을 수 있습니다. 고대의 선지자들
은 직접 하나님이 말씀하는 것을 들었습니다. 천사가 사람의 모습으
로 와서 음성을 들려주기도 하였습니다. 모세가 직접 하나님과 대화
를 하였고 아브라함과 롯에게는 천사가 와서 하나님의 목소리를 전
하였습니다.

그러나 성경은 하나님의 음성을 들으면 죽게 된다는 표현이 있습
니다. 신명기 4장 33절을 보겠습니다.

"어떤 국민이 불 가운데에서 말씀하시는 하나님의 음성을 너처럼 듣고 생

존하였느냐" (신 4:33).

이 구절은 이스라엘 백성에게 한 말씀입니다. 다른 민족들이 하나님의 음성을 들으면 죽게 되지만 이스라엘 백성은 하나님의 음성을 들어도 살려 두었다고 말씀합니다. 하나님의 음성을 직접 듣는다는 것은 매우 두려운 면이 있습니다. 그래서인지 하나님께서 자주 사용하는 방법은 아닌 것 같습니다.

내가 성경을 가르친 사람들 중에 두 사람이 하나님의 음성을 직접 들었다고 하였습니다. 한 사람은 한국계 미국인인데 영어로 "I am coming"이라는 목소리를 들었다고 합니다. 이 사람은 이 음성을 들은 후부터 주님이 곧 오실 것이라는 믿음이 생겼고 믿음 생활을 더욱 잘 해야 하겠다고 다짐하였습니다.

다른 한 사람은 소파에 누워있는 중에 "정신 차려라"는 하나님의 음성을 들었다고 합니다. 이 사람은 그 음성을 정신 차리고 믿음 생활을 잘 하라는 말씀으로 듣고 그 후로 믿음 생활을 더욱 열심으로 하게 되었습니다.

이 두 사람이 들은 하나님의 음성의 특징은 매우 큰 소리로 들었다는 것과 한 마디 짧은 외침이었다는 것입니다. 하나님은 아마도 인생들에게 길게 이야기할 필요를 못 느끼는 것 같습니다. 대신에 짧고 명료한 한 마디로 자고 있는 영혼을 깨운 것입니다. 이 부분의 비중을 0.1퍼센트로 정하였습니다.

이상으로 하나님의 음성을 듣는 방법 일곱 가지에 대하여 살펴보았습니다. 지혜로운 여러분은 가중치가 큰 것에 우선 더 힘을 써야 하겠다고 깨달았을 것입니다. 시험을 볼 때에도 문항별로 가중치가 틀리면 가중치가 높은 문제를 우선적으로 노력을 많이 들여 정답을 구하려고 할 것입니다.

마찬가지로 여러분은 하나님의 음성을 듣기를 갈망하면 다른 일을 하기 보다는 성경을 읽고 공부하면 됩니다. 이것이 80점의 가중치를 갖고 있습니다. 이것 하나만 잘 하여도 시험을 망치지는 않습니다.

그러나 3점 이하 짜리는 다섯 개 모두 맞혀도 10점 밖에 안됩니다. 그렇다고 이러한 것을 무시하라는 것은 아닙니다. 백 점을 맞으려면 모두 필요한 것입니다. 지금 말씀하는 요지는 우선 순위를 두라는 것입니다.

성경을 주야로 묵상하는 것은 혼자서 쉽게 할 수 있습니다. 누구든지 언제든지 성경을 읽을 수 있고 공부할 수 있습니다. 그리고 참 주의 종을 만나 배우십시오. 이 두 가지만으로도 90점을 얻을 수 있고 우등생이 될 수 있습니다.

그러나 여러분이 하나님의 음성을 아무리 잘 들어도 들은 말씀대로 행하지 않으면 아무 소용이 없습니다. 그러니 미세한 음성까지 들으려 하기 보다는 큰 소리로 들리는 음성에 우선 순종하는 것이 더 중요합니다.

큰 소리도 듣지 않으면서 세밀한 음성을 들려 달라는 것은 억지를 부리는 것입니다. 하나님은 큰 음성도 못 듣는 사람에게 작고 세밀한 것을 말씀하지 않을 것입니다.

다시 말하면 하나님의 음성을 듣는 것 보다 더 중요한 것은 들은 대로 행하는 것입니다. 시편 95장 7절, 8절을 보겠습니다.

"그는 우리의 하나님이시요 우리는 그가 기르시는 백성이며 그의 손이 돌
보시는 양이기 때문이라 너희가 오늘 그의 음성을 듣거든" "너희는 므리
바에서와 같이 또 광야의 맛사에서 지냈던 날과 같이 너희 마음을 완악하
게 하지 말지어다" (시 95:7-8).

이 구절은 하나님의 음성을 들으면 마음을 완악하게 하지 말라고
합니다. 들은 그대로 순종하라는 것입니다.
다음은 신명기 4장 36절을 보겠습니다.

"여호와께서 너를 교훈하시려고 하늘에서부터 그의 음성을 네게 듣게 하
시며 땅에서는 그의 큰 불을 네게 보이시고 네가 불 가운데서 나오는 그
의 말씀을 듣게 하셨느니라" (신 4:36).

이 구절은 하나님이 우리를 교훈하기 위하여 하나님의 음성을 들
려준다고 합니다. 이것이 하나님이 여러분에게 음성을 들려주는 이
유입니다. 들은 대로 순종하라는 것입니다.
지금까지는 하나님 아버지의 음성을 듣는 것에 대하여 나누었습
니다. 이제는 하나님의 아들의 음성을 듣는 것에 대하여 나누어 보
겠습니다. 아들의 음성을 듣는 것은 아버지의 음성을 듣는 것과 다
소 뉘앙스가 다릅니다. 하나님의 아들의 음성을 듣는 사람들은 두
부류로 나뉩니다. 본문 말씀을 보겠습니다.

"진실로 진실로 너희에게 이르노니 죽은 자들이 하나님의 아들의 음성을 들을 때가 오나니 곧 이 때라 듣는 자는 살아나리라"(요 5:25).
"이를 놀랍게 여기지 말라 무덤 속에 있는 자가 다 그의 음성을 들을 때가 오나니""선한 일을 행한 자는 생명의 부활로, 악한 일을 행한 자는 심판의 부활로 나오리라"(요 5:28-29).

이 구절은 죽은 자들이 하나님의 아들의 음성을 들을 때가 온다고 합니다. 예수님의 음성을 들을 때는 주님이 다시 오실 때입니다. 그 때에 죽은 자들이 무덤 속에서 예수님의 음성을 듣게 됩니다. 그런데 한 부류는 음성을 듣고 깨어나서 천국으로 가고 다른 한 부류는 지옥으로 갑니다.

또한 휴거의 때에는 살아 있는 자들도 예수님의 음성을 듣게 됩니다. 데살로니가전서 4장 16절, 17절을 보겠습니다.

"주께서 호령과 천사장의 소리와 하나님의 나팔 소리로 친히 하늘로부터 강림하시리니 그리스도 안에서 죽은 자들이 먼저 일어나고""그 후에 우리 살아남은 자들도 그들과 함께 구름 속으로 끌어 올려 공중에서 주를 영접하게 하시리니 그리하여 우리가 항상 주와 함께 있으리라"(살전 4:16-17).

주님이 오실 때에 호령합니다. 호령은 큰 소리로 명령하는 것입니다. 그 명령을 듣는 자들, 즉 하나님의 아들의 음성을 듣는 자들은 휴거합니다. 믿는 자들은 주님이 다시 오실 때에 들림 받기를 소망합니다. 신실한 사람들은 그 날을 간절히 사모하며 기다립니다. 그러나 주님 오시기를 간절히 소망한다고 모두 들림 받는 것은 아닙니다. 하나님의 아들의 음성을 듣는 자만 올라갑니다.

그들은 지금 하나님 아버지의 음성을 듣고 있는 자들입니다. 아버지의 음성을 듣고 순종하던 자들이 결국에 아들의 음성도 듣게 됩니다. 그러한 자들이 휴거 되고 천국으로 가고 구원받습니다. 여러분 모두 오늘은 아버지의 음성을 듣고, 마지막 날에는 아들의 음성을 듣게 되기를 곧 오실 메시아 우리 주 예수 그리스도의 이름으로 축복합니다.

2
예수의 음성을
들을 때가 오나니

"진실로 진실로 너희에게 이르노니 죽은 자들이 하나님의 아들의 음성을 들을 때가 오나니 곧 이 때라 듣는 자는 살아나리라" (요한복음 5:25).

소리를 듣지 못하는 사람들이 있습니다. 청각 장애로 아무 소리도 듣지 못하는 사람들은 불쌍합니다. 그러나 이들 보다 더 불쌍한 사람들이 있습니다. 청각 장애가 없음에도 듣지 못하는 사람들입니다.

주님은 종종 "귀 있는 자는 들을 지어다"라고 말씀합니다. 귀 있는 자는 말하는 내용을 깨닫고 그대로 행하는 자를 뜻합니다. 들어도 말을 이해하지 못하거나 들은 대로 행하지 않으면 귀가 없는 것과 같습니다. 그러므로 주님은 "귀 있는 자는 들을지어다"라는 표현을 한 것입니다.

주님은 비유로 자주 말씀합니다. 그렇게 하는 이유는 귀 있는 자만 듣게 하기 위한 것입니다. 마태복음11장 15절, 16절을 보겠습니다.

"귀 있는 자는 들을지어다" "이 세대를 무엇으로 비유할까 비유하건대 아이들이 장터에 앉아 제 동무를 불러"(마 11:15-16).

비유로 말씀하면서 귀 있는 자들은 들으라고 합니다. 마태복음 13 장 9절, 10절을 보겠습니다.

"귀 있는 자는 들으라 하시니라""제자들이 예수께 나아와 이르되 어찌하 여 그들에게 비유로 말씀하시나이까"(마 13:9-10).

이 구절도 비유로 말씀할 때 귀 있는 자들은 들으라고 합니다. 마 가복음 4장 9절, 10절을 보겠습니다.

"또 이르시되 들을 귀 있는 자는 들으라 하시니라""예수께서 홀로 계실 때에 함께 한 사람들이 열두 제자와 더불어 그 비유들에 대하여 물으니" (막 4:9-10).

이 구절도 비유로 말씀할 때 귀 있는 자들은 들으라고 합니다. 비 유로 말씀하는 이유는 이해할 사람은 이해하고 이해하지 못할 사람 은 이해하지 못하게 버려 두기 위한 것입니다. 누가복음 8장 8절에서 10절까지를 보겠습니다.

"더러는 좋은 땅에 떨어지매 나서 백 배의 결실을 하였느니라 이 말씀을 하시고 외치시되 들을 귀 있는 자는 들을지어다""제자들이 이 비유의 뜻 을 물으니""이르시되 하나님 나라의 비밀을 아는 것이 너희에게는 허락

되었으나 다른 사람에게는 비유로 하나니 이는 그들로 보아도 보지 못하고 들어도 깨닫지 못하게 하려 함이라"(눅 8:8-10).

예수님이 비유로 한 말씀을 이해하지 못한 제자들은 비유에 대하여 다시 물었습니다. 그러자 예수님은 설명해주었습니다. 그리하여 제자들은 비유로 한 말씀의 뜻을 모두 알게 되었습니다. 다른 사람들은 듣고도 깨닫지 못하게 하려고 비유로 말씀한 것입니다.

이사야 6장 9절, 10절을 보겠습니다.

"여호와께서 이르시되 가서 이 백성에게 이르기를 너희가 듣기는 들어도 깨닫지 못할 것이요 보기는 보아도 알지 못하리라 하여"이 백성의 마음을 둔하게 하며 그들의 귀가 막히고 그들의 눈이 감기게 하라 염려하건대 그들이 눈으로 보고 귀로 듣고 마음으로 깨닫고 다시 돌아와 고침을 받을까 하노라 하시기로"(사 6:9-10).

선지자 이사야가 이스라엘 백성에게 들어도 깨닫지 못하고 보아도 알지 못할 것이라고 예언하였습니다. 하나님의 말씀이 그들의 귀가 막히고 눈이 감기게 할 것이라고 하였습니다. 오랫동안 불순종하는 이스라엘 백성을 책망하는 말씀입니다.

요한복음 10장 27절을 보겠습니다.

"내 양은 내 음성을 들으며 나는 그들을 알며 그들은 나를 따르느니라"(요 10:27).

예수님의 때에도 예수님의 음성을 들은 자들이 거의 없었습니다. 한 때 기적을 보고 따랐지만 결국 열두 제자만 남고 모두 떠났습니다. 예수님을 떠난 자들과 예수님을 대적한 사람들은 예수님의 양들이 아니었습니다. 이들은 들을 귀가 없었습니다.

현대의 믿는 자들도 구약의 이스라엘이나 예수님 때의 이스라엘 백성과 다르지 않습니다. 믿는 자들이 성경 말씀대로 살지 않습니다. 하나님의 말씀에 순종하지 않습니다. 죄를 지적 받아도 회개하지 않습니다. 들을 귀가 없습니다.

이처럼 고대에나 현대에나 들을 귀 있는 자들은 매우 희소합니다. 성격의 역사도 대다수의 들을 귀 없는 자들과 극 소수의 들을 귀 있는 자들의 이야기입니다. 지금부터는 들을 귀가 있었던 성경의 인물 몇 사람을 살펴보겠습니다.

사도행전 22장 7절에서 10절까지를 보겠습니다.

"내가 땅에 엎드러져 들으니 소리 있어 이르되 사울아 사울아 네가 왜 나를 박해하느냐 하시거늘" "내가 대답하되 주님 누구시니이까 하니 이르시되 나는 네가 박해하는 나사렛 예수라 하시더라" "나와 함께 있는 사람들이 빛을 보면서도 나에게 말씀하시는 이의 소리는 듣지 못하더라" "내가 이르되 주님 무엇을 하리이까 주께서 이르시되 일어나 다메섹으로 들어가라 네가 해야 할 모든 것을 거기서 누가 이르리라 하시거늘" (행 22:7-10).

사도 바울이 주님을 만났습니다. 주님이 그의 이름을 불렀고 바울은 그 음성을 들었습니다. 그리고 말씀에 순종하여 주의 종이 되었습니다. 예수 믿는 자들을 핍박하던 사람이 주의 음성을 듣고 한 순간에 주를 위하여 목숨을 바치는 사도가 되었습니다. 그리하여 고난과 시련을 겪으면서 터키와 로마까지 복음을 전하였습니다. 바울은 들을 귀가 있는 자입니다.

출애굽기 3장 4절, 5절을 보겠습니다.

"여호와께서 그가 보려고 돌이켜 오는 것을 보신지라 하나님이 떨기나무 가운데서 그를 불러 이르시되 모세야 모세야 하시매 그가 이르되 내가 여기 있나이다""하나님이 이르시되 이리로 가까이 오지 말라 네가 선 곳은 거룩한 땅이니 네 발에서 신을 벗으라"(출 3:4-5).

장인 이드로의 양을 치던 모세가 호렙 산 떨기나무에서 들리는 하나님의 음성을 들었습니다. 모세는 두려운 마음에 이스라엘의 선지자로 부르심을 사양하지만 결국 순종하여 출애굽의 대 역사를 감당하는 이스라엘의 지도자가 되었습니다. 장인의 양을 치던 사람이 하나님의 양을 인도하는 사람이 되었습니다. 하나님의 음성에 순종한 것입니다. 모세는 들을 귀가 있는 자입니다.

사무엘상 3장 10절, 11절을 보겠습니다.

"여호와께서 임하여 서서 전과 같이 사무엘아 사무엘아 부르시는지라 사무엘이 이르되 말씀하옵소서 주의 종이 듣겠나이다 하니""여호와께서 사무엘에게 이르시되 보라 내가 이스라엘 중에 한 일을 행하리니 그것을 듣는 자마다 두 귀가 울리리라"(삼상 3:10-11).

사무엘은 아직 장성하지 않았을 때에 주의 종으로 부름을 받았습니다. 하나님이 몇차례 사무엘의 이름을 불렀으나 처음에는 하나님의 음성을 알지 못하였습니다. 그러나 마침내 자신의 이름을 부르는 것이 주의 음성인 것을 깨달았습니다. 그 후로 사무엘은 순종하여 이스라엘의 왕인 사울과 다윗에게 기름을 붓는 선지자가 되었습니다. 사무엘은 하나님의 음성을 듣고 그대로 행하였습니다. 사무엘은 들을 귀가 있는 자입니다.

다음은 요한복음 4장 25절, 26절과 28절, 29절을 보겠습니다.

"여자가 이르되 메시야 곧 그리스도라 하는 이가 오실 줄을 내가 아노니 그가 오시면 모든 것을 우리에게 알려 주시리이다""예수께서 이르시되 네게 말하는 내가 그라 하시니라"(요4:25-26).
"여자가 물동이를 버려 두고 동네로 들어가서 사람들에게 이르되""내가 행한 모든 일을 내게 말한 사람을 와서 보라 이는 그리스도가 아니냐 하니"(요 4:28-29).

사마리아 여인은 예수님과 짧은 대화를 통하여 예수님이 메시아인 것을 깨달았습니다. 예수님이 메시아라는 말을 듣고 즉시 동네로 들어가서 이 사실을 알렸습니다. 물동이를 버려 두고, 즉 삶을 제쳐 두고 전도한 것입니다.

믿음이 없던 사람이 불과 몇 분 만에 그리스도를 믿고 삶을 제쳐 놓고 복음전하는 사람으로 변한 것은 기적입니다. 이러한 기적은 들을 귀 있는 자에게만 가능한 것입니다. 이 사마리아 여인은 들을 귀가 있는 사람입니다.

마태복음 4장 18절에서 20절까지를 보겠습니다.

"갈릴리 해변에 다니시다가 두 형제 곧 베드로라 하는 시몬과 그의 형제 안드레가 바다에 그물 던지는 것을 보시니 그들은 어부라" "말씀하시되 나를 따라오라 내가 너희를 사람을 낚는 어부가 되게 하리라 하시니" "그들이 곧 그물을 버려 두고 예수를 따르니라" (마 4:18-20).

베드로와 안드레가 주님의 부르심에 응하였습니다. 이들은 주님이 따를 것을 말씀하자 즉시 행동하였습니다. 머뭇거리지 않았습니다. 그물을 버리는 것을 아까워하지 않았습니다. 그리하여 주님이 가장 사랑하는 제자가 되었습니다. 천국에서 열 두 지파를 심판하는 영광을 받았습니다. 이 두 제자는 들을 귀가 있는 자들입니다.

이상으로 들을 귀 있는 자들의 예를 성경의 실제 인물들을 통하여 살펴보았습니다. 이들은 모두 주님의 음성에 순종한 사람들입니다. 이들은 들을 귀가 있으므로 사도가 되었습니다. 선지자가 되었습니다. 복음전하는 자가 되었습니다. 예수의 제자가 되었습니다. 그리고 구원받고 영광을 받았습니다.

다음은 들을 귀가 없는 자들의 예를 살펴보겠습니다. 창세기 3장 6절을 보겠습니다.

"여자가 그 나무를 본즉 먹음직도 하고 보암직도 하고 지혜롭게 할 만큼 탐스럽기도 한 나무인지라 여자가 그 열매를 따먹고 자기와 함께 있는 남편에게도 주매 그도 먹은지라" (창 3:6).

하와는 뱀의 유혹에 넘어가 선악과를 먹었습니다. 먹으면 반드시 죽을 것이라는 하나님의 음성을 듣지 않았습니다. 욕심으로 미혹되어 자신과 남편을 죽게 하였습니다. 온 인류에게 죄가 들어오게 하였습니다. 이처럼 탐심이 있는 자는 하나님의 음성을 듣지 않습니다. 미혹된 사람은 하나님의 말씀에 순종하지 않습니다. 먹음직 하고 보암직 한 것을 탐낸 하와는 들을 귀가 없는 자입니다.

창세기 4장 6절에서 8절을 보겠습니다"

"여호와께서 가인에게 이르시되 네가 분하여 함은 어찌 됨이며 안색이 변함은 어찌 됨이냐" "네가 선을 행하면 어찌 낯을 들지 못하겠느냐 선을 행하지 아니하면 죄가 문에 엎드려 있느니라 죄가 너를 원하나 너는 죄를 다스릴지니라" "가인이 그의 아우 아벨에게 말하고 그들이 들에 있을 때에 가인이 그의 아우 아벨을 쳐죽이니라" (창 4:6-8).

하나님이 동생 아벨의 제사는 열납하고 자신의 제사는 받지 않음으로 가인은 몹시 분해하였습니다. 동생을 시기하였습니다. 그리하여 가인은 하나님이 선을 행하라고 말하자 도리어 살인을 하였습니다. 가인은 인류 최초의 살인자가 되었습니다. 죄를 짓지 말고 선을 행하라는 하나님의 음성을 듣지 않았습니다. 동생을 죽인 가인은 들을 귀가 없는 자입니다.

열왕기상 11장 9절에서 11절을 보겠습니다.

"솔로몬이 마음을 돌려 이스라엘의 하나님 여호와를 떠나므로 여호와께서 그에게 진노하시니라 여호와께서 일찍이 두 번이나 그에게 나타나시고" "이 일에 대하여 명령하사 다른 신을 따르지 말라 하셨으나 그가 여호와의 명령을 지키지 않았으므로" "여호와께서 솔로몬에게 말씀하시되 네게 이러한 일이 있었고 또 네가 내 언약과 내가 네게 명령한 법도를 지키지 아니하였으니 내가 반드시 이 나라를 네게서 빼앗아 네 신하에게 주리라" (왕상 11:9-11).

솔로몬은 젊었을 때는 들을 귀가 있었습니다. 매우 신실하였고 하나님의 사랑을 받았습니다. 성전을 지어 봉헌하였습니다. 그러나 은금을 많이 쌓지 말라는 계명과 마병을 많이 두지 말라는 계명과 아내를 많이 두지 말라는 계명을 모두 어겼습니다.

늙어가면서 들을 귀가 점점 어두워졌습니다. 아내들이 가지고 온 이방신을 모두 섬겼습니다. 하나님이 일찍이 두 번이나 말씀하였음에도 듣지 않았습니다. 그리하여 그의 영혼은 멸망하였고 나라는 둘도 나뉘었습니다. 부귀와 정욕에 빠져 미혹된 솔로몬은 들을 귀가 없는 자입니다.

마태복음 26장 24절, 25절을 보겠습니다.

"인자는 자기에 대하여 기록된 대로 가거니와 인자를 파는 그 사람에게는 화가 있으리로다 그 사람은 차라리 태어나지 아니하였더라면 제게 좋을 뻔하였느니라" "예수를 파는 유다가 대답하여 이르되 랍비여 나는 아니지요 대답하시되 네가 말하였도다 하시니라" (마 26:24-25).

가룟 유다는 하나님의 아들의 음성을 삼 년 넘게 들은 사람입니다. 그리스도의 모든 가르침을 듣고 배운 자입니다. 재정을 관리하는 중요한 직책을 맡았습니다. 그러나 가룟 유다는 예수의 제자였음에도 비참한 모습으로 죽었습니다. 돈을 사랑하여 망한 가룟 유다는 들을 귀가 없는 자입니다.

이상으로 들을 귀 없는 자들의 예를 성경의 실제 인물들을 통하여 살펴보았습니다. 이들은 모두 주님의 음성에 불순종한 사람들입니다. 들을 귀가 없는 사람은 탐심으로 미혹됩니다. 들을 귀가 없으면 형제를 시기하고 미워합니다. 들을 귀가 없는 사람은 정욕을 따라 살게 됩니다. 들을 귀가 없는 자는 돈을 사랑합니다. 들을 귀가 없는 자는 구원받지 못합니다.

이들은 살아있는 동안 주님의 음성을 듣지 못하여 그 영혼이 죽어 지옥으로 떨어졌습니다. 그러나 들을 귀가 있는 자는 죽어서도 하나님의 음성을 듣습니다. 들을 귀가 있는 자는 무덤 속에서도 주의 음성을 듣고 살아납니다.

요한복음 11장 43절, 44절을 보겠습니다.

"이 말씀을 하시고 큰 소리로 나사로야 나오라 부르시니" "죽은 자가 수족을 베로 동인 채로 나오는데 그 얼굴은 수건에 싸였더라 예수께서 이르시되 풀어 놓아 다니게 하라 하시니라"(요 11:43-44).

예수님이 죽은 나사로를 큰 소리로 부르니 살아났습니다. 이미 살이 썩어 냄새가 날 정도인데도 다시 부활하였습니다. 나사로는 예수님이 친구라고 말할 정도로 신실한 사람이었습니다. 나사로는 살았을 때 주님의 가르침을 받은 사람입니다. 나사로는 들을 귀가 있었습니다. 살았을 때 들을 귀가 있던 사람이 죽어서도 들을 수 있습니다. 그러므로 나사로는 죽어서도 주님의 음성을 들었고 음성을 들음으로 부활한 것입니다.

데살로니가전서 4장 16절, 17절을 보겠습니다.

"주께서 호령과 천사장의 소리와 하나님의 나팔 소리로 친히 하늘로부터 강림하시리니 그리스도 안에서 죽은 자들이 먼저 일어나고" "그 후에 우리 살아남은 자들도 그들과 함께 구름 속으로 끌어 올려 공중에서 주를 영접하게 하시리니 그리하여 우리가 항상 주와 함께 있으리라"(살전 4:16-17).

다시 오실 주님은 초림 때처럼 조용히 마구간으로 오지 않습니다. 다시 오는 주님은 호령과 큰 나팔소리로 영광 가운데 옵니다. 그 때에 죽은 자들이 다시 살아납니다. 나팔소리로 죽은 자들을 먼저 깨우고 살아있는 사람들과 함께 공중으로 데려갑니다.

다시 살아나는 사람들은 들을 귀가 있는 자들입니다. 들림 받는 자들은 주의 호령과 나팔소리를 듣는 사람들입니다. 죽은 자든 산

자든 들을 귀가 있는 자만 구름 속으로 끌어 올려 주를 만납니다. 다시 본문 말씀인 요한복음 5장 25절을 보겠습니다.

"진실로 진실로 너희에게 이르노니 죽은 자들이 하나님의 아들의 음성을 들을 때가 오나니 곧 이 때라 듣는 자는 살아나리라" (요 5:25).

이 구절은 죽은 자들이 하나님의 음성을 들을 때가 온다고 말씀합니다. 듣는 자는 살아난다고 합니다. 하나님의 음성을 들을 때는 주님이 오시어 거룩한 교회를 데리고 가는 휴거의 때입니다. 이 때는 살아 있는 자도 올라갑니다.

그러나 많은 자들이 땅에 남아 통곡하게 됩니다. 들림 받을 줄 생각했던 사람들이 못 올라갑니다. 구원받은 줄 알았는데 구원받지 못합니다. 주여 주여 하며 살았음에도 들어가지 못합니다. 죽은 자들도 하나님의 음성을 듣는데 산 자들이 음성을 듣지 못하게 됩니다.

지금은 마지막 때입니다. 주님 오실 때가 임박한 지금 귀 기울여 들어야 할 또 다른 소리가 있습니다. 이 소리는 공중에서 나팔소리가 나기 전에 울리는 소리입니다. 이 소리를 듣지 못하는 사람은 아마도 하늘에서 나는 나팔소리도 듣지 못할 것입니다. 그것은 광야에서 외치는 자의 소리입니다. 이사야 40장 3절에서 5절까지를 보겠습니다.

"외치는 자의 소리여 이르되 너희는 광야에서 여호와의 길을 예비하라 사막에서 우리 하나님의 대로를 평탄하게 하라" "골짜기마다 돋우어지며

산마다, 언덕마다 낮아지며 고르지 아니한 곳이 평탄하게 되며 험한 곳이 평지가 될 것이요" "여호와의 영광이 나타나고 모든 육체가 그것을 함께 보리라 이는 여호와의 입이 말씀하셨느니라" (사 40:3-5).

광야에서 주의 길을 예비하라고 외치는 소리입니다. 골짜기를 돋우고 산은 낮추어 주님 오실 길을 준비하라는 외침입니다. 휴거가 임박한 지금 들을 귀가 있는 자는 왕궁에서 외치는 자의 부드러운 소리를 듣지 않습니다.

회개와 십자가와 예수의 피에 대하여 듣습니다. 거룩함과 의로움과 절제에 대하여 듣습니다. 죄와 영벌과 심판에 대하여 듣습니다. 이것이 광야에서 들을 수 있는 주의 음성입니다. 이 소리를 듣는 자들이 그 날에 주의 호령 소리도 들을 것입니다. 이 소리를 듣는 자들이 무덤 속에서도 하나님의 아들의 음성을 듣고 살아날 것입니다.

3

아버지의 뜻대로
행하는 자

"나더러 주여 주여 하는 자마다 다 천국에 들어갈 것이 아니요 다만
하늘에 계신 내 아버지의 뜻대로 행하는 자라야 들어가리라" "그 날
에 많은 사람이 나더러 이르되 주여 주여 우리가 주의 이름으로 선지
자 노릇 하며 주의 이름으로 귀신을 쫓아 내며 주의 이름으로 많은
권능을 행하지 아니하였나이까 하리니" "그 때에 내가 그들에게 밝
히 말하되 내가 너희를 도무지 알지 못하니 불법을 행하는 자들아 내
게서 떠나가라 하리라" (마태복음 7:21-23).

죄의 삯은 사망입니다. 모든 인간은 죄성을 가지고 태어나며 죄를
짓습니다. 그리하여 하나님의 영광에 이르지 못하고 죽을 수밖에 없
습니다. 로마서 3장 23절을 보겠습니다.

"모든 사람이 죄를 범하였으매 하나님의 영광에 이르지 못하더니" (롬
3:23).

또 다른 죄의 삯 중에 하나는 질병입니다. 모든 인간이 죄를 지음
에 모든 인간이 질병에서 자유로울 수 없습니다. 예수님도 병이 죄

때문이라고 말씀하였습니다. 요한복음 5장 14절을 보겠습니다.

> "그 후에 예수께서 성전에서 그 사람을 만나 이르시되 보라 네가 나았으
> 니 더 심한 것이 생기지 않게 다시는 죄를 범하지 말라 하시니"(요 5:14).

이 구절은 38년 동안 앉은뱅이로 지낸 사람을 예수님이 고쳐 준
후에 한 말씀입니다. 죄를 범하면 다시 더 큰 병이 올 수 있으니 죄
를 짓지 말라고 하였습니다. 병이 죄로 인하여 온다는 사실을 매우
사실적으로 보여주는 말씀입니다.

이처럼 인간들은 죄로 인하여 죽게 되고 질병의 고통을 겪게 됩니
다. 그러나 하나님은 이러한 죽음과 질병을 이길 수 있는 방법을 주
었습니다. 먼저 죽음을 이기는 말씀에 대하여 살펴보겠습니다. 고린
도전서 15장 54절을 보겠습니다."

> "이 썩을 것이 썩지 아니함을 입고 이 죽을 것이 죽지 아니함을 입을 때에
> 는 사망을 삼키고 이기리라고 기록된 말씀이 이루어지리라"(고전
> 15:54).

이 구절에는 사망을 삼키고 이긴다는 표현이 있습니다. 사망을 이
긴다는 것은 죽지 않는다는 의미가 아닙니다. 사망을 이긴다는 것은
다시 부활한다는 의미입니다. 죽은 후에 다시 영생의 부활을 하는 것
이 죽음을 이기는 것입니다.

히브리서 9장 27절과 요한복음 5장 29절을 보겠습니다.

"한번 죽는 것은 사람에게 정해진 것이요 그 후에는 심판이 있으리니" (히 9:27).

"선한 일을 행한 자는 생명의 부활로, 악한 일을 행한 자는 심판의 부활로 나오리라" (요 5:29).

이 두 구절의 의미를 합하면 사람이 한 번 죽는 것은 정한 이치이지만 죽은 후에는 영생의 부활을 할 수도 있고 영원한 심판의 부활을 할 수도 있다는 의미입니다. 사망을 이기는 것이 생명의 부활이고 사망에게 지는 것이 심판의 부활입니다. 다르게 표현하면 사망을 이기는 것이 구원받는 것이고 사망에게 지는 것이 구원받지 못하는 것입니다.

그렇다면 사망을 이기는 구원에 대하여 성경이 어떻게 가르치는지 살펴보겠습니다. 고린도후서 7장 10절을 보겠습니다.

"하나님의 뜻대로 하는 근심은 후회할 것이 없는 구원에 이르게 하는 회개를 이루는 것이요 세상 근심은 사망을 이루는 것이니라" (고후 7:10).

이 구절은 구원에 이르게 하는 것이 회개라고 말씀합니다. 회개를 하면 사망을 이기고 구원받는 것입니다.

마가복음 1장 14절, 15절을 보겠습니다.

"요한이 잡힌 후 예수께서 갈릴리에 오셔서 하나님의 복음을 전파하여"

"이르시되 때가 찼고 하나님의 나라가 가까이 왔으니 회개하고 복음을 믿으라 하시더라” (마 1:14-15).

이 말씀은 예수님이 사역을 하면서 가장 먼저 한 설교입니다. 회개하고 복음을 믿으라고 합니다. 예수님이 회개하라고 가장 먼저 설교를 한 이유는 구원받기 위하여는 반드시 회개해야 하기 때문입니다. 다음은 요한복음 14장 6절을 보겠습니다.

“예수께서 이르시되 내가 곧 길이요 진리요 생명이니 나로 말미암지 않고 는 아버지께로 올 자가 없느니라” (요 14:6).

예수님을 통하지 않고는 아버지께로 올 자가 없다는 것은 예수를 믿지 않고는 구원받을 수 없다는 의미입니다.

구원에 관한 이상의 말씀을 종합하면 회개하고 예수를 믿으면 구원받습니다. 구원받는 방법이 어렵거나 복잡해 보이지 않습니다. 그럼에도 불구하고 예수님은 구원받는 자가 많지 않다고 말씀하였습니다. 누가복음 13장 23절, 24절을 보겠습니다.

“어떤 사람이 여짜오되 주여 구원을 받는 자가 적으니이까 그들에게 이르시되 ”“좁은 문으로 들어가기를 힘쓰라 내가 너희에게 이르노니 들어가기를 구하여도 못하는 자가 많으리라” (눅 13:23-24).

여기서 “구하여도”의 의미는 “예수를 믿어도” 또는 “교회를 다녀도”라는 의미입니다. 예수를 믿는 기독교인들 중에도 구원받지 못하는 자가 많다는 의미입니다. 이 말씀은 예수님이 직접 하였습니다. 은유나 비유로 말씀하지도 않았습니다. 사실적이고 직접적으로 표현하였습니다.

그렇다면 구원이 문자적으로 매우 간단해 보임에도 구원받는 자의 수가 적은 이유가 무엇이겠습니까? 그 이유를 잘 설명해 놓은 것이 본문 말씀입니다.

"나더러 주여 주여 하는 자마다 다 천국에 들어갈 것이 아니요 다만 하늘에 계신 내 아버지의 뜻대로 행하는 자라야 들어가리라" "그 날에 많은 사람이 나더러 이르되 주여 주여 우리가 주의 이름으로 선지자 노릇 하며 주의 이름으로 귀신을 쫓아 내며 주의 이름으로 많은 권능을 행하지 아니하였나이까 하리니" "그 때에 내가 그들에게 밝히 말하되 내가 너희를 도무지 알지 못하니 불법을 행하는 자들아 내게서 떠나가라 하리라" (마 7:21-23).

이 구절은 하나님의 뜻대로 행하는 자만 천국에 들어간다고 말씀합니다. 주의 이름을 아무리 열심히 불러도 천국에 못 들어갑니다. 능력을 행하여도 천국에 못 들어갑니다. 마음과 입으로만 믿고 성경 말씀대로 살지 않으면 구원받지 못합니다.

그러므로 예수를 믿는다고 하는 사람들도 구원받지 못하는 자가 많은 것입니다. 구원에 이르는 믿음은 마음으로 인정하고 동의하는 것이 아닙니다. 믿음은 행하는 것입니다. 믿음은 오직 행위로 증명됩니다. 야고보서 2장 14절에서 17절까지를 보겠습니다.

"내 형제들아 만일 사람이 믿음이 있노라 하고 행함이 없으면 무슨 유익이 있으리요 그 믿음이 능히 자기를 구원하겠느냐" "만일 형제나 자매가 헐벗고 일용할 양식이 없는데" "너희 중에 누구든지 그에게 이르되 평안히 가라, 덥게 하라, 배부르게 하라 하며 그 몸에 쓸 것을 주지 아니하면 무슨 유익이 있으리요" "이와 같이 행함이 없는 믿음은 그 자체가 죽은 것이라" (약 2:14-17).

여기서 믿음이 있노라 하는 것은 예수를 믿는다고 고백하고 교회에 다닌다는 의미입니다. 그런데 그러한 믿음을 가진 사람도 행함이 없으면 구원받지 못한다고 말씀합니다. 가난한 자를 보고 불쌍한 마음만 가지고 돕지 않는 것은 구원받지 못하는 믿음입니다. 행함이 없는 믿음은 그 자체가 죽은 것입니다.

그렇다면 여기서 행함의 기준은 무엇이겠습니까? 도덕 교과서입니까? 대한민국 헌법입니까? 유엔 헌장입니까? 그 행함의 기준은 성경 말씀입니다. 구원받는 사람들의 수가 적은 이유는 예수를 믿는 사람들이 성경 말씀대로 살지 않기 때문입니다.

성경은 두 가지의 구원에 대하여 말씀합니다. 하나는 죽은 후에 영혼이 구원받는 것입니다. 다른 하나는 살아있는 동안 육체가 구원받는 것입니다. 지금까지는 죽음을 이기는 구원, 즉 영혼이 구원받는 문제를 주제로 나누었습니다. 영혼이 구원받기 위하여는 회개하고 예수를 믿어야 하는데 성경 말씀대로 행하는 것이 회개하고 예수를 믿는 것이라는 의미에 대하여 배웠습니다.

이제부터는 육체가 구원받는 문제에 대하여 나누어 보겠습니다.

육체가 구원받는다는 것은 질병이 치유되거나 귀신들림, 정신적인 묶임 등에서 해방되는 것을 의미합니다. 예수를 믿는 많은 사람들이 육체적, 정신적인 질병으로 고통받습니다. 그 이유가 죄 때문이라는 것은 설교 처음에 이미 배웠습니다.

예수님의 사역을 통하여 이러한 육체의 구원이 어떻게 이루어지는지 살펴보겠습니다. 마태복음 9장 20절에서 22절까지를 보겠습니다.

> "열두 해 동안이나 혈루증으로 앓는 여자가 예수의 뒤로 와서 그 겉옷 가를 만지니" "이는 제 마음에 그 겉옷만 만져도 구원을 받겠다 함이라" "예수께서 돌이켜 그를 보시며 이르시되 딸아 안심하라 네 믿음이 너를 구원하였다 하시니 여자가 그 즉시 구원을 받으니라" (마 9:20-22).

혈루증에 걸린 여자가 구원받았다는 것은 병이 나은 것입니다. 예수님은 이 여인에게 네 믿음이 너를 구원하였다고 말씀하였습니다. 이 여인은 예수님의 겉 옷만 만져도 병이 치료될 것이라는 믿음이 있었습니다. 이 여인은 그러한 믿음으로 육체가 구원받았습니다.

마태복음 9장 2절을 보겠습니다.

> "침상에 누운 중풍병자를 사람들이 데리고 오거늘 예수께서 그들의 믿음을 보시고 중풍병자에게 이르시되 작은 자야 안심하라 네 죄 사함을 받았느니라" (마 9:2).

예수님이 병자를 치료한 이 말씀에는 한 가지 중요한 포인트가 있습니다. 그것은 이 중풍환자가 나은 이유가 본인의 믿음 때문만이 아니라는 사실입니다. 중풍 병자도 나으려는 소망과 믿음이 있었겠지만 이 병자를 낫도록 돕는 사람들의 믿음이 더하여 져서 중풍환자가 치료된 것입니다.

그의 믿음을 보시고라고 말씀하지 않고 그들의 믿음으로 보시고라고 말씀한 데서 그것을 알 수 있습니다. 이처럼 남을 섬기는 사람의 믿음이 섬김을 받는 사람의 병을 치유합니다.

마태복음 8장 2절, 3절을 보겠습니다.

"한 나병환자가 나아와 절하며 이르되 주여 원하시면 저를 깨끗하게 하실 수 있나이다 하거늘" "예수께서 손을 내밀어 그에게 대시며 이르시되 내가 원하노니 깨끗함을 받으라 하시니 즉시 그의 나병이 깨끗하여진지라" (마 8:2-3).

이 나병 환자도 믿음으로 치료받았습니다. "주여 원하시면 저를 깨끗게 하실 수 있나이다"라는 표현에는 주님이 반드시 치료할 것이라는 믿음이 들어있습니다.

마태복음 8장 8절과 13절을 보겠습니다.

"백부장이 대답하여 이르되 주여 내 집에 들어오심을 나는 감당하지 못하겠사오니 다만 말씀으로만 하옵소서 그러면 내 하인이 낫겠사옵나이다" (마 8:8).
"예수께서 백부장에게 이르시되 가라 네 믿은 대로 될지어다 하시니 그 즉시 하인이 나으니라"(마 8:13).

백부장은 예수님이 칭찬할 정도로 큰 믿음이 있었습니다. 예수님이 직접 오지 않고 말씀만 하여도 낫겠다는 백부장의 믿음이 그의 하인을 낫게 하였습니다.

마가복음 10장 51절, 52절을 보겠습니다.

"예수께서 말씀하여 이르시되 네게 무엇을 하여 주기를 원하느냐 맹인이 이르되 선생님이여 보기를 원하나이다""예수께서 이르시되 가라 네 믿음이 너를 구원하였느니라 하시니 그가 곧 보게 되어 예수를 길에서 따르니라"(막 10:51-52).

이 맹인도 믿음으로 다시 보게 되었습니다. 예수님을 만나면 보게 될 것이라는 믿음이 있었던 것입니다. 그리하여 예수님이 "네 믿음이 너를 구원하였느니라"고 선포하였습니다.

이상으로 예수님의 여러가지 치유 사역들을 살펴보았습니다. 여기에서 놀랄 만한 사실을 발견할 수 있습니다. 그것은 모든 병자들이 예수님의 특별한 능력으로 치유를 받은 것이 아니라 스스로의 믿음으로 치료를 받았다는 사실입니다. 여기에 소개된 병자들의 특징은 모두 믿음이 컸다는 것입니다. 믿음으로 육체가 구원받은 것입니다.

지금까지 육체가 구원받는 예들을 살펴보았습니다. 이제부터는 이러한 치유의 역사를 여러분의 삶에 적용해보겠습니다. 지금까지 설명한대로 행하는 것입니다. 첫째, 회개하고 죄를 짓지 않아야 합니다. 둘째, 믿음이 있어야 합니다.

질병이 치료되는 방법도 영혼이 구원받는 것처럼 그 방법이 매우 단순합니다. 그럼에도 불구하고 많은 믿는 자들이 질병으로 신음하며 오랫동안 치유를 받지 못하는 이유가 무엇이겠습니까? 그 이유도 영혼이 구원받는 자가 많지 않은 이유와 동일합니다. 회개하지 않았기 때문입니다. 믿음이 작기 때문입니다. 믿음의 크기는 성경 말씀대로 순종하며 행하는 것으로 측정됩니다.

전심으로 회개하여 삶이 거룩하게 바뀌고 큰 믿음이 있을지라도 속히 병이 치료되지 않을 수도 있습니다. 그 이유는 죄값을 보응 받아야 하기 때문입니다. 그러니 속히 치료되지 않는다고 낙심하지 말고 계속 병 낫기를 구하여야 할 것입니다.

다음은 귀신을 쫓아내는 경우를 보겠습니다. 마태복음 17장 18절에서 20절까지를 보겠습니다.

"이에 예수께서 꾸짖으시니 귀신이 나가고 아이가 그 때부터 나으니라" "이 때에 제자들이 조용히 예수께 나아와 이르되 우리는 어찌하여 쫓아내지 못하였나이까" "이르시되 너희 믿음이 작은 까닭이니라…" (마 17:18-20).

예수님의 제자들은 귀신을 쫓아내지 못하였습니다. 그 이유는 믿음이 작았기 때문입니다. 믿음으로 남의 병도 치유할 수 있고 귀신도 쫓아낼 수 있습니다.

마태복음 8장 28절과 32절을 보겠습니다.

"또 예수께서 건너편 가다라 지방에 가시매 귀신 들린 자 둘이 무덤 사이에서 나와 예수를 만나니 그들은 몹시 사나워 아무도 그 길로 지나갈 수 없을 지경이더라" (마 8:28).
"그들에게 가라 하시니 귀신들이 나와서 돼지에게로 들어가는지라 온 떼가 비탈로 내리달아 바다에 들어가서 물에서 몰사하거늘" (마 8:32).

이 구절은 예수님이 사나운 귀신 들린 자를 구원한 내용입니다. 이 때에 예수님이 귀신을 쫓아낸 것은 성령의 능력으로 한 것입니다. 예수님의 능력은 본래부터 가진 신성의 능력이 아닙니다. 마태복음 14장 12절, 13절을 보겠습니다.

"내가 진실로 진실로 너희에게 이르노니 나를 믿는 자는 내가 하는 일을 그도 할 것이요 또한 그보다 큰 일도 하리니 이는 내가 아버지께로 감이라" "너희가 내 이름으로 무엇을 구하든지 내가 행하리니 이는 아버지로 하여금 아들로 말미암아 영광을 받으시게 하려 함이라" (마 14:12-13).

예수님은 인간의 모양으로 왔습니다. 예수님이 행한 모든 것은 성령의 능력으로 이룬 것입니다. 그러므로 예수님은 자신이 행한 모든 것을 우리도 할 수 있고 더 큰 일도 할 수 있다고 말씀한 것입니다. 무엇이든지 예수의 이름으로 구하면 다 이룰 수 있다고 말씀한 것입니다. 예수를 믿는 사람들은 누구든지 믿음으로 이러한 능력을 행할 수 있습니다.

이상으로 육체적인 질병과 귀신 들림을 치료하는 것에 대하여 살펴보았습니다. 다음은 정신적인 질병에 대하여 살펴보겠습니다. 믿는 사람들 중에 우울증, 무기력증, 자살충동, 동성연애, 음란물 중독 등과 같은 문제로 고통받는 사람들이 있습니다. 성경은 이러한 증상을 치유하는 특별한 방법을 말씀하지 않습니다.

사람들은 이러한 치유를 받기 위해 소위 "내적 치유"라고 불리는 집회나 프로그램에 참여합니다. 관련된 책을 참고로 하여 치료를 받으려고 합니다. 그러나 이러한 방법은 거의 효력이 없습니다. 그 이유는 성경적이지 않기 때문입니다.

내적 치유는 환자와의 상담을 통하여 왜 그러한 증세가 발생하였는지를 탐구합니다. 그리고 원인을 분석하여 환자에게 알게 하고 치유의 방법을 알려줍니다. 자신은 거룩하게 신앙생활을 하고 싶은데 자주 음란한 마음이 생기고 음란물을 상습적으로 본다고 상담합니다.

그러면 상담자는 혹시 가족이나 조상 중에 그러한 사람이 있는지 물어봅니다. 그렇다고 대답하면 그것이 원인이 되어 음란의 영이 온 것이라고 진단합니다. 그리고 음란한 귀신을 쫓아내는 기도를 많이 하라고 처방합니다.

그런데 이 사람은 한동안 그렇게 하여도 음란물 중독이 끊어지지 않는다고 말합니다. 그러면 상담자는 조상으로부터 내려오는 음란한 영이 심한 것 같으니 영적전쟁을 더 열심히 하라고 가르칩니다.

동성연애도 마찬가지입니다. 조상이나 혈육들 중에 동성연애자가 있는지, 아니면 어렸을 때에 성적 학대를 받은 적이 없는지 등 그 사람에게 정신적인 충격을 받은 내력이 없는지를 알아봅니다. 그리고 그에 대한 치유 방법을 제시합니다.

우울증이나 대인 기피증 같은 정신적인 질환도 그 사람의 과거의 경험과 성장 배경 등을 살펴서 원인을 찾아 치유하려고 합니다. 과거의 정신적 충격이나 좋지 않은 경험으로 인해 쓴 뿌리가 생겼다고 합니다. 쓴 뿌리를 제거해야 한다고 합니다. 그래서 자신을 학대한 사람을 용서하라고 합니다. 나쁜 기억을 잊게 해달라고 기도하라고 합니다.

과거의 경험을 상담하고 사람을 용서하고 나쁜 기억을 잊으려고 하는 것이 잘 못 된 것은 아닙니다. 그러나 성경은 이러한 방법으로 환자를 치료한 예가 없습니다. 그렇게 하는 것이 타당한지에 대한 근거가 없습니다.

대신에 성경은 이러한 것들이 죄이므로 돌이키라고 매우 단순하게 가르칩니다. 즉 음란이 죄이고 동성연애가 죄이므로 그러한 행위를 중단하라고 가르칩니다. 그러한 죄를 지으면 지옥 간다고 매우 단순하게 가르칩니다. 형제를 미워하는 것은 살인이니 미워하지 말라고 합니다. 왜 그 사람을 미워하게 되었는지 그 이유를 분석해서 문제를 해결하지 않습니다.

요한복음 8장 4절과 8장 10절에서 12절까지를 보겠습니다.

"서기관들과 바리새인들이 음행 중에 잡힌 여자를 끌고 와서 가운데 세우고" (요 8:4).
"예수께서 일어나사 여자 외에 아무도 없는 것을 보시고 이르시되 여자여 너를 고발하던 그들이 어디 있느냐 너를 정죄한 자가 없느냐" "대답하되 주여 없나이다 예수께서 이르시되 나도 너를 정죄하지 아니하노니 가서 다시는 죄를 범하지 말라 하시니라""예수께서 또 말씀하여 이르시되 나는 세상의 빛이니 나를 따르는 자는 어둠에 다니지 아니하고 생명의 빛을 얻으리라" (요 8:10-12).

음행 중에 잡혀온 여자에게 예수님이 한 말씀은 다시는 죄를 범하지 말라는 것입니다. 그리고 나를 따르는 자는 어둠에 다니지 않고 생명의 빛을 얻는다고 말씀합니다. 이 말씀을 요약하면 예수를 믿으면 간음죄를 짓지 않게 된다는 것입니다. 예수를 믿고 죄를 짓지 말라고 말씀한 것입니다.

예수님은 간음한 여인에게 조상의 음란한 영이나 어렸을 때의 성장 환경에 대하여 물어보지 않았습니다. 내적 치유를 위한 상담을 하지 않았습니다. 쓴 뿌리가 남아 있는지 알려고 하지 않았습니다. 그냥 앞으로는 죄를 짓지 말라고 하였습니다.

로마서 1장 26절, 27절을 보겠습니다.

"이 때문에 하나님께서 그들을 부끄러운 욕심에 내버려 두셨으니 곧 그들의 여자들도 순리대로 쓸 것을 바꾸어 역리로 쓰며""그와 같이 남자들도 순리대로 여자 쓰기를 버리고 서로 향하여 음욕이 불 일듯 하매 남자가 남자와 더불어 부끄러운 일을 행하여 그들의 그릇됨에 상당한 보응을 그들 자신이 받았느니라" (롬 1:26-27).

이 구절은 동성연애의 죄를 책망하는 것입니다. "여자들도 순리대로 쓴 것을 바꾸어 역리로 쓰며"라는 표현은 여자들의 동성연애를 뜻하는 것입니다. "남자들도 순리대로 여자 쓰기를 버리고 서로 향하여 음욕이 불 일듯 하매 남자가 남자와 더불어 부끄러운 일을 행하여"라는 표현은 남자들의 동성연애를 의미합니다.

여기서 동성연애를 정신 장애나 성적 취향의 문제로 설명하지 않습니다. 이렇게 하는 것은 요즈음 세상 사람들이 동성연애자를 옹호하면서 지어낸 말들입니다. 다시 말하면 동성연애는 정신 질환도 성적 취향의 문제도 아니며 그냥 죄입니다.

이것은 마치 도둑질과 살인을 죄로 보는 것과 같은 원리입니다. 우리는 도둑이나 살인범에게 정신적인 문제가 있는 것이지 죄를 지은 것은 아니라고 말하지 않습니다. 이들에게 죄를 짓지 말라고 합니다.

마찬가지로 동성연애자에게도 그것이 죄라고 지적하면 됩니다. 죄에서 돌이키라고 하면 됩니다. 이 사람이 왜 동성연애자가 될 수 밖에 없었는지에 대하여 살피는 것이 아닙니다. 치유를 하려는 것은 틀린 것입니다. 정상으로 인정하는 것은 더욱 틀린 것입니다.

예수님이 우물가에서 남편이 여섯이나 있었던 사마리아 여인을 만났습니다. 예수님은 그 여인이 왜 남편이 여섯이나 있었는지에 대하여 상담하지 않았습니다. 조상의 저주나 쓴 뿌리에 대하여 언급하지 않았습니다.

예수님은 한 번만 마셔도 목 마르지 않는 성령의 생수에 대하여 말씀하였습니다. 자신이 메시아라고 말씀하였습니다. 그 여인은 예수님이 메시아라는 말을 듣자 마자 예수를 믿었습니다. 즉시로 전도하는 사람으로 거듭나버렸습니다.

이상으로 정신적인 질병이라고 여기는 것들에 대한 치유의 방법에 대하여 살펴보았습니다. 사람들이 정신적인 질병으로 여기는 이러한 증상들이 실제로는 그냥 죄이거나 죄에서 온 것이라는 것을 깨닫게 되었습니다. 그렇다면 이러한 증상을 치유하는 방법도 육체를 치유하는 방법과 영혼이 구원받는 방법과 동일합니다.

회개하고 예수를 믿는 것입니다. 죄에서 돌이키고 다시는 같은 죄를 짓지 않는 것입니다. 하나님의 말씀에 순종하며 그대로 행하며 사는 것입니다. 이것이 믿음입니다. 정신의 질병도 믿음으로 치유됩니다. 육체도 믿음으로 치유됩니다. 우리의 영혼도 믿음으로 구원받습니다. 영과 혼과 몸이 모두 믿음으로 구원받습니다.

데살로니가전서 5장 23절을 보겠습니다.

"평강의 하나님이 친히 너희를 온전히 거룩하게 하시고 또 너희의 온 영과 혼과 몸이 우리 주 예수 그리스도께서 강림하실 때에 흠 없게 보전되기를 원하노라" (살전 5:23).

행함이 없는 믿음은 죽은 것입니다. 주여 주여하는 것은 믿음이 아닙니다. 하나님의 뜻대로 행하는 것이 믿음입니다. 순종이 믿음입니다. 순종하여 하나님의 뜻대로 행한 자들 만이 영과 혼과 몸이 온전히 보전되어 그날에 공중에서 주를 볼 것입니다.

II
순종과 불순종

4

제사보다 나은
순종의 위력

"그 때에 너희는 그 가운데서 행하여 이 세상 풍조를 따르고 공중의
권세 잡은 자를 따랐으니 곧 지금 불순종의 아들들 가운데서 역사하
는 영이라" (에베소서 2:2).

전쟁 중에 상관에게 순종하지 않는 병사는 상관이 죽일 수 있습니
다. 상황에 따라서는 반드시 죽여야 합니다. 전투가 벌어지고 있는
상황에서 부대장이 부하들에게 "돌격 앞으로"라고 명령하였는데 병
사가 생각해보고 결정하겠다고 할 수는 없습니다.

부대장의 명령에도 불구하고 전투에 참여하지 않는 병사들이 있
다면 전력에 차질이 발생할 뿐더러 다른 병사들의 사기에도 영향을
줄 것입니다. 전투는 생명이 걸린 문제입니다. 불순종하는 군인은 전
부대원의 안전과 생명에 영향을 주기 때문에 상관은 부하의 생명을
주관할 수 있도록 법이 되어있습니다.

불순종할 때 죽일 수 있는 세상의 법과 권위도 하나님께서 주었습
니다. 인간의 권위도 순종하지 않는 사람의 생명을 취할 수 있다면
가장 큰 권위를 가지고 모든 권위의 근원인 하나님께 불순종하는 사

람의 운명은 어떻게 되겠습니까?

성경은 인간들의 불순종과 그에 따른 멸망의 역사로 점철되어 있습니다. 그 역사는 이스라엘의 불순종만 아니라 이방인의 불순종 모두를 포함합니다. 하나님의 백성인 이스라엘의 불순종과 이방인의 불순종이 그 질과 양에서 별 차이가 없습니다. 성경은 오히려 이스라엘 백성이 이방인보다 더 불순종하였다고 말씀합니다.

공의로운 하나님은 이스라엘의 죄와 이방인의 죄를 공평하게 다룹니다. 이스라엘을 편애하여 심판하지 않았습니다. 하나님은 불순종하는 사람에게는 예외와 차별을 두지 않고 심판하되 반드시 심판하였습니다. 불순종으로 하나님의 심판을 수도 없이 많이 받은 이스라엘의 역사를 교훈 삼아야 합니다.

불순종하게 되는 두 가지의 경우를 살펴보겠습니다. 첫째는 명령을 듣지 못하여 불순종하는 경우입니다. 당사자에게는 억울한 일 같지만 하나님 앞에는 명령을 못 들은 것이 핑계가 되지 않습니다. 그러므로 여러분이 순종할 수 있기 위해서는 하나님의 음성을 들을 수 있어야 합니다. 하나님이 말씀하였음에도 성경을 몰라서 또는 깨어 있지 않아 듣지 못할 때 하나님께 양해 사항이 되지 못합니다.

그것은 마치 교통 표지판을 못 보아서 교통법규를 어겨도 양해가 되지 않는 것과 같은 원리입니다. 억울하다고 하소연할 수 있는 것이 아닙니다. 지금 여기서 강조하는 것은 하나님께 온전히 순종하기 위해서는 깨어 하나님의 음성을 잘 들을 수 있어야 한다는 것입니다.

하나님은 중요하고 기본적인 명령은 이미 성경을 통하여 말씀하였습니다. 그러므로 순종하기 위하여 우선 해야 하는 것은 성경을 읽고 묵상하는 것입니다. 그러면 순종해야 할 하나님의 음성을 듣는 것입니다.

하나님은 성경 외에도 여러가지 방법으로 말씀합니다. 목사의 설교를 통하여 말씀합니다. 성도 간의 교제를 통하여 말씀합니다. 기도 중에 감동으로 말씀합니다. 꿈이나 환상으로 말씀하고 상황으로 말씀합니다. 어떠한 방법으로 음성을 듣든지 잘 분별하여 들을 수 있어야 합니다.

그 중에서 특별히 유의해서 분별해야 하는 것은 목사의 설교입니다. 지금은 마지막 때이고 마지막 때에는 거짓 선지자, 거짓 목사가 많이 나온다고 하였습니다. 이스라엘 백성의 역사를 보아도 귀는 있으나 듣지 못하는 예가 많았습니다. 마음을 찌르는 참 선지자의 말을 듣지 않고 귀에 달콤한 거짓 선지자의 말을 듣다가 이스라엘 백성들이 멸망했습니다.

거짓 목사의 잘못된 가르침을 듣고 따르면 하나님께는 불순종하는 것입니다. 그러므로 깨어 있어 참과 거짓을 구별할 수 있어야 합니다. 오직 깨어 있는 사람들 만이 순종할 수 있습니다. 다시 한번 말씀합니다. 못 들어서 순종하지 못하는 것도 용서받지 못합니다. 베드로전서 3장 20절을 보겠습니다.

"그들은 전에 노아의 날 방주를 준비할 동안 하나님이 오래 참고 기다리실 때에 복종하지 아니하던 자들이라 방주에서 물로 말미암아 구원을 얻은 자가 몇 명뿐이니 겨우 여덟 명이라" (벧전 3:20).

노아의 시대에 하나님은 인간의 죄가 가득함을 보고 그들을 모두 지면에서 쓸어버리기로 작정하였습니다. 그럼에도 순종하는 자들이 있을까 하여 노아를 통하여 구원의 방주를 크게 지었습니다.

본문에 복종하지 아니하던 자들이라는 표현이 있는 것으로 보아 하나님이 사람들에게 순종할 것을 명령한 것이 분명합니다. 그리고 오래 참고 기다렸습니다. 그러나 노아의 가족을 제외한 인간들이 한 사람도 방주로 들어오지 않았습니다. 이들은 하나님이 말씀하였음에도 듣지 못하여 죄에서 돌이키지도 않았고 방주 안으로 들어오지도 않았습니다.

노아는 방주를 지으면서 전도하였을 것입니다. 그러나 사람들은 전도를 받고도 그것을 하나님의 말씀으로 듣지 않음으로 멸망한 것입니다. 이처럼 하나님의 음성을 들을 수 있는 지의 여부는 구원받을 수 있는 지로 연결되는 매우 중요한 문제입니다.

다음은 하나님의 명령을 듣고도 순종하지 않는 세 가지의 경우에 대하여 나누어 보겠습니다.

첫째, 미혹된 사람은 순종하지 않습니다. 솔로몬 왕이 그러했습니다. 솔로몬은 한 때는 매우 신실한 사람이었습니다. 그러나 아내를 천명이나 두는 등 여자를 가까이함으로 미혹되었습니다. 부인들이 섬기는 이방신들을 함께 섬겼는데 유명한 이방신은 모두 섬기는 죄를 지었습니다.

하나님이 모세를 통하여 전해준 율법 중 왕에게 준 세 가지가 있습니다. 그 세 가지 명령 중 하나가 아내를 많이 두지 말라는 것이었습니다. 그 이유는 미혹되지 않게 하기 위한 것이었습니다. 솔로몬은 이 명령을 어기고 아내를 많이 두었습니다. 그리하여 미혹된 것입니다.

하나님은 솔로몬이 죽기 전에 죄에서 돌이킬 것을 몇차례 명령하였지만 그는 우상 숭배의 죄에서 돌이키지 않았습니다. 솔로몬은 이렇게 아내를 많이 두어 아내들이 섬기던 이방신을 섬기므로 악한 영에 미혹되어 불순종한 것입니다.

둘째, 교만하면 불순종합니다. 웃시야 왕은 나라가 부강하게 되자 교만 해졌습니다. 제사장을 무시하고 스스로 제사를 지내려 했습니다. 불법인 줄 알면서도 그렇게 한 것입니다. 제사장들이 만류함에도 제단에서 분향하다가 문둥병이 걸렸습니다. 웃시야는 교만 해지므로 불순종하게 된 것입니다.

사탄 루시퍼도 스스로 하나님처럼 되려는 교만한 마음이 있음으로 결국 불순종하게 되고 하늘에서 쫓겨났습니다. 신약에서는 바리새인들이 예수님께 대적하며 불순종하였습니다. 이들도 교만하여 그런 것입니다. 이처럼 사람이 교만해지면 불순종하게 됩니다. 교만의 영과 불순종의 영은 항상 함께 움직입니다.

셋째, 육신의 소욕대로 사는 사람들은 하나님의 말씀에 불순종합니다. 영과 육은 서로 이기려고 싸웁니다. 육에 져서 순종하면 성령께는 불순종하는 것입니다. 그래서 성경은 육신대로 살면 반드시 죽으나 영으로 육을 죽이면 산다고 말씀합니다.

다윗은 순간적으로 육의 노예가 되어 간음 죄와 살인교사 죄를 범하였습니다. 또한 재물에 욕심이 있는 사람, 돈을 사랑하고 세상을 사랑하는 사람은 하나님께 불순종합니다. 모든 계명을 다 지키면서 살아왔다고 고백한 부자 관리도 소유를 팔아 가난한 자에게 나누어 주고 주를 따르라는 말씀에는 순종하지 않았습니다.

육신의 정욕, 안목의 정욕, 이생의 자랑을 위하여 선악과를 먹은 아담은 불순종으로 죽었습니다. 그러한 유혹을 물리친 그리스도는 순종으로 살았습니다. 이처럼 육체의 소욕을 따라 살면 불순종하게 됩니다.

이상으로 하나님의 음성을 듣고도 순종하지 않게 되는 세 가지의 원인에 대하여 살펴보았습니다. 그 세 가지는 미혹과 교만과 욕심입니다. 미혹되지 않고, 교만하지 않고, 탐심을 버리면 하나님께 순종할 수 있습니다.

믿는 자들은 항상 진리 안에 거하고 겸손하게 행하여야 합니다. 먹고 입는 것으로 족하며 가난한 자들을 도우는 욕심 없는 삶을 살아야 합니다. 이러한 삶을 살 때 하나님의 말씀을 듣고도 불순종으로 구원받지 못하게 되는 어리석은 일이 없습니다.

다음은 세상 권위에 대한 순종에 관하여 살펴보겠습니다. 인간이 순종해야 할 권위는 하나님만 유일한 것은 아닙니다. 하나님이 세상에 권위를 둔 것은 인간들이 하나님께 순종하는 것을 훈련시키는 의미가 있습니다.

대통령이나 시장 같은 국가의 권위, 목사 같은 영적인 권위, 부모, 남편, 직장 상사 등이 순종해야 할 세상의 대표적인 권위들입니다. 성경은 이들에 대한 순종을 매우 중요하게 가르칩니다. 베드로전서 2장 13절을 보겠습니다.

"인간의 모든 제도를 주를 위하여 순종하되 혹은 위에 있는 왕이나" (벧전 2:13).

이것은 세상의 정치 권세에게 순종하라는 말씀입니다. 기본적으로 법을 잘 지키는 것이 정치 권위에 순종하는 것입니다. 불공정해 보이는 법이라도 하나님의 말씀에 어긋나지 않는 한 지켜야 합니다. 예수님도 가이사의 것은 가이사에게 바치라고 했습니다. 세금이 너무 많으니 반만 납부하라든지 로마 당국에 항의하라고 가르치지 않았습니다. 따라서 반정부 데모는 권위에 도전하는 것이므로 옳지 않으며 불순종입니다.

히브리서 13장 17절은 영적 권위에 순종하라고 합니다.

"너희를 인도하는 자들에게 순종하고 복종하라 그들은 너희 영혼을 위하여 경성하기를 자신들이 청산할 자인 것 같이 하느니라 그들로 하여금 즐거움으로 이것을 하게 하고 근심으로 하게 하지 말라 그렇지 않으면 너희에게 유익이 없느니라" (히 13:17).

목사에게 순종하는 것은 두 가지입니다. 하나는 목사가 가르치는 성경 말씀입니다. 다른 하나는 개별적인 권면이나 예언의 말씀입니다. 권면과 예언도 성경에 어긋나지 않는 한 순종해야 합니다. 본문 말씀은 순종치 않으면 목사가 근심하게 되고 배우는 사람들에게는 유익이 없다고 합니다.

골로새서 3장 20절은 자식이 부모에게 순종하라고 합니다.

"자녀들아 모든 일에 부모에게 순종하라 이는 주 안에서 기쁘게 하는 것이니라"(골 3:20).

하나님을 아버지라고 부르는 이유가 있습니다. 육신의 아버지는 하나님 아버지의 표상이기 때문입니다. 그러므로 호칭도 같습니다. 성경은 부모에게 패역하게 하는 자는 죽이라는 법을 만들어 놓을 정도로 육신의 부모에게 절대 순종할 것을 가르칩니다. 자녀들은 부모님께 하는 것이 하나님께 하는 것을 반영합니다. 부모에게 효도하는 자녀는 하나님께 순종하는 자녀입니다.

에베소서 5장 22절은 부인이 남편에게 복종하라고 가르칩니다.

"아내들이여 자기 남편에게 복종하기를 주께 하듯 하라"(엡 5:22).

성경은 그리스도를 신랑으로 교회를 신부로 비유합니다. 또한 성경은 여자를 교회의 비유와 상징으로 사용합니다. 그것은 단순한 비유가 아닙니다. 아내가 남편에게 복종할 것을 강조하기 위하여 만든 비유도 아닙니다. 거기에는 매우 깊은 영적 의미가 숨겨져 있습니다. 그러므로 성경은 이것을 큰 비밀이라고 말씀합니다. 에베소서 5장 31절, 32절을 보겠습니다.

"그러므로 사람이 부모를 떠나 그이 아내와 합하여 그 둘이 한 육체가 될지니" "이 비밀이 크도다 나는 그리스도와 교회에 대하여 말하노라"(엡 5:31-32).

이 구절은 부부가 한 몸이 되는 자체가 비밀이라고 말하는 것이 아닙니다. 남편과 아내가 그리스도와 교회를 상징하는 영적인 비밀이 크다는 것을 말씀합니다. 아내가 남편에게 복종하는 것이 교회가 그리스도에게 복종하는 것과 같이 하라는 가르침을 모든 아내들이 마음에 새겨야 합니다. 아내는 남편에게 하는 것이 그리스도에게 하는 것을 그대로 반영합니다.

베드로전서 2장 18절은 상사와 상전에게 순종하라는 명령입니다.

"사환들아 범사에 두려워함으로 주인들에게 순종하되 선하고 관용하는 자들에게만 아니라 또한 까다로운 자들에게도 그리하라" (벧전 2:18).

이 말씀을 현실에 적용하면 사환은 직원이고 주인은 직장의 상사를 의미합니다. 그리고 까다로운 상사에게도 순종하라는 것은 직장 상사의 어떠함과 상관없이 회사 일과 관련하여는 절대적인 권위를 인정하라는 것입니다. 상사의 성품이나 인격이나 능력과 상관없이 순종하라는 것입니다. 또한 회사의 규정을 잘 지키는 것도 회사의 권위에 순종하는 것입니다.

이상으로 세상에서 만나는 대표적인 네 종류의 권위들에 대하여 살펴보았습니다. 성경이 이러한 모든 권위에 순종할 것을 가르치는 이유는 세상의 권위들에게 순종함으로써 하나님께 순종하는 것을 배우는 의미가 있습니다. 또한 세상 권위에 순종하는 자신의 모습을 하나님께 순종하는 척도로 삼을 수 있습니다.

눈에 보이는 세상 권위들에게 순종하지 않는 사람들이 눈에 보이지 않는 하나님께 순종할 수 없습니다. 그러므로 여러분이 주의 종에게 복종하는 것, 남편에게 순종하는 것, 부모를 공경하는 것, 세상의 법을 지키는 것, 직장에서 일하는 모습을 보면 하나님께 순종하는 지를 가늠할 수 있습니다.

다음은 성경이 보여주는 불순종의 예와 그에 따른 결과에 대하여 살펴보겠습니다. 사무엘상 13장 12절에서 14절까지를 보겠습니다.

> "이에 내가 이르기를 블레셋 사람들이 나를 치러 길갈로 내려오겠거늘 내가 여호와께 은혜를 간구하지 못하였다 하고 부득이하여 번제를 드렸나이다 하니라" "사무엘이 사울에게 이르되 왕이 망령되이 행하였도다 왕이 왕의 하나님 여호와께서 왕에게 내리신 명령을 지키지 아니하였도다 그리하였더라면 여호와께서 이스라엘 위에 왕의 나라를 영원히 세우셨을 것이거늘" "지금은 왕의 나라가 길지 못할 것이라 여호와께서 왕에게 명령하신 바를 왕이 지키지 아니하였으므로 여호와께서 그의 마음에 맞는 사람을 구하여 여호와께서 그를 그의 백성의 지도자로 삼으셨느니라 하고" (삼상 13:12-14).

사울 왕은 제사장만 할 수 있는 번제를 자신이 직접 드렸습니다. 이러한 불순종으로 사울은 왕의 재임 기간이 단축되는 벌을 받았습니다. 여기서 사울은 부득이 그렇게 하였다고 합니다. 많은 사람들이 불순종하면서 사울과 같은 핑계를 말합니다. 부득이하게 여겨지는 불순종을 합니다.

이러한 사람들은 점점 더 큰 죄를 담대하게 짓게 되고 결국은 멸망합니다. 사울이 그렇게 되었습니다. 공의로운 하나님은 작은 불순종이라도 반드시 보응합니다. 그러므로 여러분은 순종하기 위해 깨어 있어야 합니다.

사울 왕의 두 번째 불순종과 그 징벌에 대하여 살펴보겠습니다. 사무엘상 15장 18절에서 21절까지를 보겠습니다.

> "또 여호와께서 왕을 길로 보내시며 이르시기를 가서 죄인 아말렉 사람을 진멸하되 다 없어지기까지 치라 하셨거늘""어찌하여 왕이 여호와의 목소리를 청종하지 아니하고 탈취하기에만 급하여 여호와께서 악하게 여기시는 일을 행하였나이까""사울이 사무엘에게 이르되 나는 실로 여호와의 목소리를 청종하여 여호와께서 보내신 길로 가서 아말렉 왕 아각을 끌어왔고 아말렉 사람들을 진멸하였으나""다만 백성이 그 마땅히 멸할 것 중에서 가장 좋은 것으로 길갈에서 당신의 하나님 여호와께 제사하려고 양과 소를 끌어 왔나이다 하는지라" (삼상 15:18-21).

하나님이 사울 왕에게 아말렉을 진멸하되 사람은 물론 짐승까지 모두 죽이라고 명령하였습니다. 그러나 사울은 말을 듣지 않고 살진 짐승들을 살려서 끌고 왔습니다. 하나님께 제사하려고 가장 좋은 것만 끌고 왔다고 합니다. 그러나 실제로는 좋은 짐승들을 보자 욕심이 생긴 것입니다. 제사를 지낸 후에는 자신과 백성들이 음식으로 먹을 것이기 때문입니다.

많은 사람들이 이러한 명분, 즉 하나님을 위한 것이라는 이유를 세워서 실제로는 자신의 욕심을 채우려다 불순종의 죄를 짓습니다.

예를 들면 "이번 사업 잘 되게 해주면 헌금 많이 하겠습니다"고 기도 하는 것입니다. 언뜻 보기에 문제가 없어 보이는 것 같지만 실제로는 자신의 탐심이 숨어있습니다. 부자도 되고 헌금도 많이 하겠다는 생 각인데 부자가 되려는 것은 성경적이지 않습니다.

먹고 입는 것으로 족하고 남는 것은 가난한 자들에게 나누어 주 는 것이 계명입니다. 그렇다면 어차피 먹고 입는 것으로 족하고 가난 한 자들에게 줄 것이라면 돈을 많이 버는데 그리 집중할 이유가 없 습니다. 자신의 탐심을 하나님의 뜻으로 포장하여 이루려는 것은 죄 이며 불순종입니다.

이러한 불순종의 결과로 사울은 왕위를 뺏겼습니다. 사울의 변명 을 들은 선지자 사무엘은 안타까운 심정으로 "순종이 제사보다 낫 고 듣는 것이 숫양의 기름보다 낫다"고 말한 것입니다. 하나님은 사 람들이 불순종하면서 제사 드리는 것을 싫어합니다.

다음은 불순종하는 사람들의 영적인 상태를 본문 말씀인 에베소 서 2장 2절에서 살펴보겠습니다. 이 구절은 불순종의 아들들에게 역 사하는 영이 있다고 합니다. 이 영은 불순종하는 사람들에게만 역사 하는 특별한 영인데 세 가지 역할을 합니다.

첫째, 사람들을 죄 가운데 행하게 합니다. 여러분을 죄 짓게 하는 영입니다.

둘째, 세상의 풍조를 따르게 합니다. 세상에 속한 것들, 재물과 오 락과 방탕과 육체의 즐거움을 따르게 하는 영입니다.

셋째, 공중에 권세 잡은 자를 따르게 합니다. 공중에 권세 잡은 자 는 사탄입니다. 사탄은 처음부터 속이고 도둑질하고 죽이고 미혹하는 자입니다. 이러한 마귀를 따르게 하는 영입니다.

다시 정리하면 불순종하는 사람들에게는 죄를 짓게 하고 세상의 풍조를 따르게 하고 마귀를 따르도록 하는 영이 있습니다. 사람들이 불순종하는 것은 사울의 변명처럼 눈에 보이는 것 때문이 아닙니다. 악한 영의 지배를 받기 때문에 그런 것입니다. 이처럼 하나님께 불순종하는 사람은 마귀에게 속한 것입니다.

인류의 역사에는 불순종과 순종을 대표하는 두 인물이 있었습니다. 이 두 인물을 비교하여 순종이 주는 유익과 불순종이 주는 피해를 대조해보겠습니다. 그리하여 순종이 얼마나 중요한지 다시 한번 살펴보겠습니다. 로마서 5장 19절을 보겠습니다.

"한 사람이 순종하지 아니함으로 많은 사람이 죄인 된 것 같이 한 사람이 순종하심으로 많은 사람이 의인이 되리라" (롬 5:19).

순종하지 않은 한 사람은 아담입니다. 순종한 한 사람은 예수 그리스도입니다. 아담 한 사람의 불순종으로 전 인류가 죄인이 되었습니다. 예수 그리스도 한 사람의 순종으로 모든 인간이 의롭게 되었습니다. 이 구절은 순종하지 않을 때 다른 사람까지 죄인 되게 하며 순종할 때 다른 사람까지 의롭게 한다는 의미가 있습니다.

다윗은 인구조사를 한 불순종으로 백성들 칠만 명을 전염병으로 죽게 하였습니다. 한 사람이 불순종함으로써 많은 사람들이 죄인 되게 한 것입니다. 아브라함은 독자 이삭을 바치기까지 순종하였습니다. 하나님은 의인 아브라함을 기억하여 그의 조카 롯과 그 가족을 소돔과 고모라의 불 심판으로부터 구원하였습니다. 한 사람이 순종함으로써 다른 사람들을 구원받게 하였습니다.

예수 그리스도는 채찍에 맞고 창에 찔리고 손과 발에 못이 박히어 죽었습니다. 아버지 하나님께 순종한 것입니다. 예수 그리스도의 그러한 순종으로 우리는 구원받았습니다. 이러한 예수 그리스도의 하나님 아버지에 대한 순종은 한 사람의 순종이 자신 뿐만 아니라 다른 영혼들까지 구원한다는 것을 보여줍니다.

자녀가 순종할 때에 부모가 예수를 믿게 됩니다. 아내들이 순종으로 자기를 단장할 때 남편을 구원합니다. 그러니 순종하십시오. 여러분이 하나님께 순종할 때 기도가 응답됩니다. 순종할 때 걸려 넘어지지 않으며 순종할 때 저주가 끊어집니다.

순종할 때 땅의 아름다운 소산을 먹으며 순종할 때 형통한 날을 보냅니다. 순종은 약속의 땅을 보게 하며 하나님의 안식에 들어가게 합니다. 순종함으로 성령을 받습니다. 순종함으로 구원받습니다. 순종할 때 하나님이 기뻐합니다.

그러므로 이제 여러분은 하나님은 물론 세상의 모든 권위에 순종함으로 불순종의 아들들 가운데 역사하는 저주와 멸망과 지옥의 영과는 결별하고 순종의 아들들에게 역사하는 복과 구원과 천국을 누리기를 아버지께 순종한 예수 그리스도의 이름으로 축복합니다.

5
흥하는 순종
망하는 불순종

"또 하나님이 누구에게 맹세하사 그의 안식에 들어오지 못하리라 하셨느냐 곧 순종하지 아니하던 자들에게가 아니냐"(히브리서 3:18).

첫 아담은 불순종하여 선악과를 먹고 사망하였고 인류를 죄에 빠뜨렸습니다.

둘째 아담인 그리스도는 순종하여 십자가에 죽으심으로 인간을 구원하였습니다.

가인은 불순종하여 살인하였습니다.

아벨은 순종하여 거룩한 제사를 드렸습니다.

에녹은 순종하여 하나님과 동행하다 죽음을 보지 않고 하늘나라로 갔습니다.

노아는 순종하여 방주를 지어 심판 가운데 살아남았습니다.

모든 인간들은 불순종하여 홍수가운데 멸망하였습니다.

셈과 야벳은 순종하여 뒷걸음으로 아버지를 덮었습니다.

함은 불순종하여 아버지의 부끄러움을 보아 후손에게 저주가 되었습니다.

아브라함은 순종하여 갈대아 우르를 떠나 믿음의 조상이 되었습니다.

롯은 순종하여 유황불 심판을 면하였습니다.

롯의 사위들은 불순종하여 유황불 심판을 받았습니다.

이삭은 순종하여 기꺼이 산제물이 되었으나 하나님이 살렸습니다.

이스마엘은 불순종하여 쫓겨났습니다.

리브가는 순종하여 야곱을 축복 받게 하였으며 천만인의 어머니가 되었습니다.

야곱은 순종하여 열 두 지파의 아버지가 되었습니다.

에서는 불순종으로 장자권을 잃었습니다.

요셉의 형제들은 불순종하여 동생을 팔아 넘겼습니다.

요셉은 순종하여 애굽의 총리가 되었습니다.

유다는 불순종하여 막내아들을 며느리 다말에게 주지 않았습니다.

다말은 순종하여 그리스도의 족보를 이어갔습니다.

모세는 순종하여 이스라엘 백성을 구원하였습니다.

아론은 불순종하여 황금 송아지를 만들어 그의 백성들을 죽게 하였습니다.

유월절에 바로 왕과 애굽 백성은 불순종으로 재앙을 당하였습니다.

이스라엘 백성은 순종함으로 문설주에 양의 피를 바르고 구원받았습니다.

어떤 나뭇꾼은 불순종하여 안식일에 나무를 하다 돌에 맞아 죽었습니다.

어떤 단지파의 자손은 불순종으로 여호와의 이름을 모욕하다 죽임당하였습니다.

기생 라합은 순종으로 정탐꾼을 도와 여리고성이 무너질 때 살아남았습니다.

나답과 아비후는 불순종하여 다른 불로 제사를 지내다 죽었습니다.

고라는 불순종하여 모세에게 대적하다 멸망하였습니다.

발람은 불순종으로 재물을 사랑하여 멸망하였습니다.

당나귀는 순종하여 발람의 길을 막았습니다.

비느하스는 순종하여 음행 하는 자를 죽임으로 염병이 그쳤습니다.

여호수아와 갈렙은 순종하여 가나안에 들어갔습니다.

나머지는 불순종하여 모두 광야에서 죽었습니다.

이스라엘이 순종하여 여리고성을 일곱 번 돌았더니 성이 무너졌습니다.

사사 옷니엘은 순종하여 메소보다미아 왕을 이겨 이스라엘을 구원하였습니다.

왼손잡이 에훗은 순종하여 모압 왕을 죽이고 승리하였습니다.

삼갈은 순종하여 블레셋으로부터 이스라엘을 구원하였습니다.

드보라와 바락은 순종하여 가나안 왕을 진멸하였습니다.

기드온은 순종하여 바알의 제단을 헐고 용사 삼백명으로 미디언을 이겼습니다.

기드온의 아들 아비멜렉은 불순종하여 맷돌에 머리가 깨져 죽었습니다.

돌라는 순종하여 이스라엘을 이십 년간 구원하였습니다.

길르앗 사람 야일은 순종하여 이십이 년 동안 이스라엘의 사사가 되었습니다.

입다는 순종하여 암몬을 크게 무찔렀으며 그의 딸도 순종하여 처녀로 죽었습니다.

입산은 순종하여 이스라엘의 사사가 되어 칠년간 이스라엘을 다스렸습니다.

엘론은 순종하여 십년간 이스라엘을 다스렸습니다.

압돈은 순종하여 이스라엘의 사사로 팔 년 동안 지냈습니다.

삼손은 순종하여 나실인이 되었고 블레셋 사람을 죽이고 자신도 함께 죽었습니다.

나오미는 불순종으로 이방 땅으로 이주하여 남편과 아들들을 잃었습니다.

룻은 순종하여 그리스도의 조상이 되었습니다.

보아스는 순종하여 룻을 아내로 맞이하여 다윗의 할아버지 오벳을 낳았습니다.

엘리는 불순종하여 자식들과 한 날에 죽었습니다.

사무엘은 순종하여 이스라엘의 왕들에게 기름 붓는 자가 되었습니다.

사울은 불순종으로 왕위에서 쫓겨나고 귀신들려 죽었습니다.

다윗은 순종하여 하나님의 마음에 합한 자가 되었습니다.

요난단은 순종하여 다윗을 도왔습니다.

시므이는 불순종으로 다윗을 배반하고 저주하다 죽임 당하였습니다.

나발은 불순종하여 신의를 지키지 않음으로 하나님이 죽였습니다.

아비가일은 순종하여 다윗을 도움으로 다윗의 아내가 되었습니다.

선지자 나단은 순종함으로 다윗의 죄를 지적하여 회개하게 하였습니다.

암논은 불순종함으로 여동생을 범하고 형제의 칼에 죽었습니다.

압살롬은 불순종으로 형제를 죽이고 아버지까지 죽이려 하다가 칼에 죽었습니다.

아도니야는 불순종으로 아버지의 아내를 취하려다 죽임당하였습니다.

요압은 불순종으로 압살롬과 경쟁자를 죽임으로 본인과 후손이 저주받았습니다.

남방 여왕은 순종하여 하나님을 찬양하였습니다.

이스라엘 왕 솔로몬은 불순종으로 이방신을 섬겨 멸망하였습니다.

북 이스라엘의 왕들은 열 아홉 명 모두 불순종으로 망하였습니다.

여로보암은 불순종하여 벧엘과 단에 금송아지를 두어 섬기다가 멸망했습니다.

나답은 불순종하여 악을 행하다 바아사에게 살해당하였습니다.

바아사는 불순종으로 백성을 우상숭배 하게 하여 집안이 멸망했습니다.

엘라는 불순종하여 범죄하고 백성도 범죄케 함으로 시므리에게 죽임 당했습니다.

시므리는 불순종으로 모반하여 왕을 죽이는 악을 행함으로 죽임

당하였습니다.

오므리는 불순종하여 여로보암의 죄를 따라함으로 구원받지 못하였습니다.

아합은 불순종하여 바알의 제단을 쌓고 제사함으로 전쟁 중에 죽었습니다.

아하시야는 불순종하여 바알을 섬기고 귀신에게 묻다가 병들어 죽었습니다.

요람은 불순종하여 염통에 화살을 맞고 죽습니다.

예후는 불순종하여 금송아지를 섬기는 죄에서 떠나지 않았습니다.

여호아하스는 불순종하여 아세라 목상을 섬김으로 아람에게 진멸 당하였습니다.

요아스는 불순종하여 우상을 섬겼습니다.

여로보암은 불순종하여 여호와 보시기에 악을 행하였습니다.

스가랴는 불순종으로 이스라엘로 범죄케 하여 샬룸에게 살해당하였습니다.

샬룸은 불순종으로 왕을 반역하여 므나헴에게 죽임 당하였습니다.

므나헴은 불순종하여 평생 여로보암의 죄에서 떠나지 않았습니다.

브가히야는 불순종으로 우상숭배를 하여 베가에게 살해당했습니다.

베가는 불순종하여 반역죄와 다른 신을 섬긴 죄로 호세아에게 죽임 당하였습니다.

호세아는 불순종하여 악을 행함으로 앗수르에게 멸망 당하였습니다.

유다 왕 웃시야는 불순종으로 교만하여 제사를 지내다가 문둥병이 걸렸습니다.

요시야 왕은 순종하여 모든 우상을 제하고 유월절을 지켰습니다.

엘리야긴 왕은 순종하여 바벨론으로 끌려가서 살아남았습니다.

시드기야 왕은 불순종하여 눈알이 뽑혀 죽었고 예루살렘이 멸망했습니다.

바사왕 고레스는 순종하여 여호와의 성전을 건축하게 하였습니다.

스룹바벨은 순종하여 성전공사를 시작하였습니다.

아닥사스는 순종하여 성전을 위한 물품을 주어 이스라엘 백성을 가게 하였습니다.

에스라는 순종하여 백성들을 회개하게 하였습니다.

느헤미야는 순종하여 예루살렘 성벽을 중건하였습니다.

도비야와 산발랏은 불순종으로 이를 방해하였습니다.

에스더는 순종하여 이스라엘 민족을 살렸습니다.

모르드개는 순종하여 원수를 이기고 바사의 총리가 되었습니다.

하만은 불순종하여 자기가 만든 나무에 달려 죽었습니다.

욥은 순종하여 가난한 자를 돕고 의롭다 함을 입었습니다.

엘리야는 순종하여 갈멜산에서 불을 내렸고 죽음을 보지 않고 승천하였습니다.

바알의 제사장들은 불순종함으로 모두 엘리야의 칼에 죽임 당하였습니다.

사르밧 과부는 순종함으로 굶지 않았습니다.

나아만은 순종함으로 문둥병이 나았습니다.

게하시는 탐심으로 불순종하여 문둥병이 걸렸습니다.

이사야는 나를 보내소서라고 순종하여 선지자가 되었습니다.

예레미야는 순종하여 누구에게 보내든지 무엇을 명령하든지 예언하였습니다.

에스겔은 순종하여 듣든지 아니 듣든지 하나님의 말씀을 예언하였습니다.

다니엘은 순종하여 사자 굴에서 살아났고 바벨론과 바사의 총리가 되었습니다.

호세아는 순종하여 음란한 여인을 아내로 삼고 이스라엘의 죄를 책망하였습니다.

요엘은 순종하여 마지막 때의 성령 부어 주심을 예언하였습니다.

아모스는 순종하여 이스라엘의 멸망을 예언하였습니다.

오바댜는 순종하여 에돔의 심판을 예언하였습니다.

요나는 순종하여 니느웨 성을 살렸습니다.

미가는 순종하여 선지자와 제사장의 죄를 책망하였습니다.

나훔은 순종하여 니느웨의 멸망을 예언하였습니다.

하박국은 순종하여 아무것도 소유하지 않아도 여호와로 말미암아 기뻐하였습니다.

스바냐는 순종하여 끝 날에 이스라엘이 구원받을 것을 예언하였습니다.

학개는 순종하여 여호와의 성전을 건축할 것을 명령하였습니다.

스가랴는 순종하여 그리스도가 다스릴 천년왕국을 예언하였습니다.

말라기는 순종하여 마지막 때에 모세와 엘리야가 심판할 것을 예언하였습니다.

마리아와 요셉은 순종하여 예수를 낳아 길렀습니다.

동방박사들은 순종하여 예수를 경배하러 왔습니다.

헤롯은 불순종하여 아기 예수를 죽이려 했습니다.

시므온은 순종하여 아기 예수를 안고 축복하였습니다.

안나는 순종하여 기도하고 금식하다 아기 예수를 만났습니다.

세례 요한은 순종하여 광야에서 외쳤으며 주님께 세례를 베풀었습니다.

베드로와 안드레는 순종하여 그물을 버려 두고 주를 따랐습니다.

야고보와 요한은 순종함으로 배를 버려 두고 주를 따랐습니다.

예수의 열한 제자는 순종하여 소유를 버리고 주를 따랐습니다.

가룟 유다는 불순종으로 돈을 사랑하여 배가 터져 죽었습니다.

하인들이 순종함으로 물을 병에 채웠더니 포도주가 되었습니다.

누군가 순종하여 떡 다섯개와 물고기 두 마리를 내놓으니 오천 명이 먹었습니다.

삭개오는 순종하여 재물을 나누어 줌으로 그 집이 구원받았습니다.

부자 관리는 불순종함으로 근심하며 떠났습니다.

슬기로운 다섯 처녀는 순종하여 기름을 넉넉히 준비하였습니다.

어리석은 다섯 처녀는 불순종으로 기름을 준비하지 않아 주를 보지 못했습니다.

맹인이 순종하여 실로암에서 눈을 씻었더니 보게 되었습니다.

나음을 입은 열명 중 한 사람은 순종하여 감사하였습니다.

나머지 아홉은 불순종으로 감사하지 않았습니다.

죽은 나사로는 순종하여 주님이 부르는 소리에 무덤에서 일어났습니다.

가난한 과부가 순종하여 생활비 모두를 헌금하였습니다.

고넬료는 순종함으로 그의 기도와 구제가 하나님께 상달되었습니다.

요안나와 수산나는 순종하여 자기의 소유로 예수를 섬겼습니다.

한 여자는 순종하여 주를 위해 향유 옥합을 깨뜨렸습니다.

제사장들과 장로들과 서기관들은 불순종함으로 예수님을 십자가에 못박았습니다.

구레네 사람 시몬은 순종하여 예수의 십자가를 대신 지고 언덕을 올랐습니다.

니고데모와 요셉은 순종하여 예수의 죽은 몸을 세마포로 싸서 장사하였습니다.

막달라 마리아는 순종함으로 부활한 예수를 먼저 보았습니다.

사도들은 순종함으로 예루살렘에 유할 때 성령을 받았습니다.

바나바는 순종하여 밭을 팔아 사도들의 발 앞에 두었습니다.

믿는 자들이 순종함으로 재물을 나누니 가난한 자가 없었습니다.

아나니아와 삽비라는 불순종함으로 재물을 속이다 죽었습니다.

스데반은 순종하여 회개하라고 전하다가 돌에 맞아 죽었습니다.

유대인들은 불순종으로 스데반을 돌로 쳐 죽였습니다.

빌립은 순종하여 이디오피아 내시에게 세례를 베풀었습니다.

바울은 순종하여 이방인의 사도가 되어 복음을 전하였습니다.

어떤 사람들은 불순종하여 바울을 핍박하였습니다.

베드로는 순종하여 이방인에게 성령 부어 주심을 증거하였습니다.

브리스길라와 아굴라는 순종하여 아볼로를 가르쳤습니다.

디모데는 순종하여 목회자가 되었습니다.

데마는 불순종하여 세상으로 돌아갔습니다.

헤롯은 불순종하여 영광을 하나님께 돌리지 않음으로 벌레에게 먹혀 죽었습니다.

사도 요한은 순종하여 마지막 때에 관한 예언을 받아 전하였습니다.

이스라엘은 이천 년 전의 불순종으로 아직도 예수를 믿지 않습니다.

까마귀도 순종하여 떡과 고기를 물어다 주었습니다.

물고기도 순종하여 동전 한 닢을 물고 있었습니다.

무화과 나무도 순종하여 즉시 시들었습니다.

바람과 바다도 순종하여 잠잠해졌습니다.

땅도 순종하여 갈라졌습니다.

짐승들도 순종하여 방주 안으로 들어갔습니다.

귀신도 순종하여 사람들에게서 떠나갔습니다.

떡과 생선도 순종하여 수천 명을 먹게 하였습니다.

비도 순종하고 유황불도 순종하여 심판의 도구로 쓰임 받았습니다.

여러분이 노아의 홍수 때에 살았다면 순종하여 구원 받은 노아이 었겠습니까? 불순종하여 홍수로 심판 받은 사람들 중에 하나였겠습니까? 여러분이 소돔과 고모라에 살았다면 순종하여 구원받은 롯이 었겠습니까? 불순종으로 유황불 심판을 받은 사람들 중에 하나였겠습니까? 여러분이 출애굽한 이스라엘 백성이라면 순종하여 구원받은 여호수아나 갈렙이었겠습니까? 불순종하여 광야에서 죽은 육십만 명 중에 하나였겠습니까?

노아의 때에 홍수가 나서 다 멸하기까지 깨닫지 못하고 먹고 마시고 장가들고 시집가던 사람들은 순종하지 않은 사람들이었습니다. 출애굽 하였으나 가나안에 들어가지 못하고 광야에 엎드려진 자들은 순종하지 않은 자들이었습니다.

순종이 제사보다 낫고 들음이 숫양의 기름보다 낫다는 말씀이 무슨 뜻이겠습니까? 아벨의 제사는 받고 가인의 제사는 열납되지 않은 이유가 무엇이겠습니까? 인간이 방주로 들어간 짐승들보다 못해야 하겠습니까? 인간이 까마귀보다 못해야 하겠습니까?

순종은 하나님의 계명을 지키는 것입니다. 순종은 세상의 권위에 복종하는 것입니다. 순종은 거룩한 삶을 사는 것입니다. 순종은 거룩하게 생각하고, 거룩하게 말하고, 거룩하게 입고, 거룩하게 행동하는 것입니다. 순종은 회개하는 것입니다. 순종은 같은 죄를 반복하지 않는 것입니다.

순종은 이웃을 사랑하는 것입니다. 순종은 가난한 자를 힘써 돕는 것입니다. 순종할 때 땅의 아름다운 소산을 먹으며 순종할 때 형통한 날을 보냅니다. 순종은 약속의 땅을 보게 하며 하나님의 안식에 들어가게 합니다.

지금 메시아가 오고 계십니다. 곧 휴거가 일어날 것입니다. 휴거는 방주의 문이 닫히는 것입니다. 그러니 휴거의 때를 기다리지 말고 지금 방주 안에 들어가십시오. 방주 안에 들어가는 자는 순종하는 자입니다. 회개하여 거룩해진 자입니다. 그 때가 되면 구원의 방주가 닫히고 하나님의 진노가 불순종의 아들들에게 임할 것입니다. 순종하지 않는 자는 그 날에 들림 받지 못할 것입니다.

6

세상 권세들에게 복종하라

"각 사람은 위에 있는 권세들에게 복종하라 권세는 하나님으로부터
나지 않음이 없나니 모든 권세는 다 하나님께서 정하신 바라" "그러
므로 권세를 거스르는 자는 하나님의 명을 거스름이니 거스르는 자
들은 심판을 자취하리라" (로마서 13:1-2).

국민은 정부의 권위에 복종하여야 합니다. 백성들은 통치자의 선
하고 악함과 상관없이, 통치자의 능력과 관계없이 그 명령에 복종해
야 합니다. 왜냐하면 나라의 권세는 하나님이 정하였기 때문입니다.
본문 말씀은 모든 권세가 다 하나님이 정하였고 하나님으로부터 나
오지 않은 권력이 없다고 합니다.

이 구절은 선한 권세만 하나님이 정하였다고 말씀하지 않습니다.
즉 네로 황제도 스탈린도 모두 하나님이 세운 것이며 심지어 예수를
죽인 빌라도 총독에게도 하나님이 권세를 준 것입니다. 요한복음 19
장 10절, 11절을 보겠습니다.

"빌라도가 이르되 내게 말하지 아니하느냐 내가 너를 놓을 권한도 있고
십자가에 못 박을 권한도 있는 줄 알지 못하느냐" "예수께서 대답하시되

위에서 주지 아니하셨더라면 나를 해할 권한이 없었으리니…" (요 19:10-11).

예수님이 십자가에 달리기 전에 빌라도 앞에서 재판을 받았습니다. 빌라도가 예수에게 "너를 살릴 권한도 죽일 권한도 있다"고 말하자 예수님은 빌라도에게 하나님이 나를 죽일 권한을 주었기 때문에 네가 나를 죽일 수 있다고 말씀합니다. 이 짧은 대화가 악한 권세도 하나님이 준다는 것과 예수님도 그 권위에 순종했다는 것을 보여줍니다.

예수님은 빌라도의 핍박을 벗어날 능력도 명분도 있었습니다. 그러나 모든 세상의 권세가 하나님으로부터 주어진 것이므로 복종한 것입니다.

세상의 권위에 순종하라는 주님의 또 다른 가르침을 살펴보겠습니다. 마태복음 22장 17절과 21절을 보겠습니다.

"그러면 당신의 생각에는 어떠한지 우리에게 이르소서 가이사에게 세금을 바치는 것이 옳으니이까 옳지 아니하니이까 하니" (마 22:17).
"…이에 이르시되 그런즉 가이사의 것은 가이사에게, 하나님의 것은 하나님께 바치라 하시니" (마 22:21).

이 질문은 바리새인들이 예수님을 곤경에 빠뜨리기 위한 목적으로 한 것입니다. 높은 세금을 책정한 로마 정부를 비판하도록 유도한 것이었습니다. 그러나 주님은 정한 세금이 너무 높으니 반만 내라 하든지 로마 당국에 항의하라고 말하지 않았습니다. 가이사의 것은 가이사에게 주라고 했습니다. 세금이 과다할지라도 국가에서 정한 대로 복종하라는 것입니다.

예수님은 국가의 권위가 정한 것을 무시하고 개인의 소견에 옳은 대로 행하라고 가르치지 않았습니다. 부당하고 억울하게 여겨져도 모두 복종하라는 것입니다. 이것이 예수님이 보여준 세상 권위에 대한 가르침입니다.

다음은 사도 바울이 권위에 대하여 어떻게 행하였는지 살펴보겠습니다. 사도행전 23장 3절에서 5절까지를 보겠습니다.

> "바울이 이르되 회칠한 담이여 하나님이 너를 치시리로다 네가 나를 율법대로 심판한다고 앉아서 율법을 어기고 나를 치라 하느냐 하니" "곁에 선 사람들이 말하되 하나님의 대제사장을 네가 욕하느냐" "바울이 이르되 형제들아 나는 그가 대제사장인 줄 알지 못하였노라 기록하였으되 너의 백성의 관리를 비방하지 말라 하였느니라" (행 23:3-5).

바울이 공회에서 증언할 때 바울은 자신을 치라고 명령한 사람이 제사장인 줄 모르고 회칠한 담이라고 모독하였습니다. 그러나 바울은 그가 제사장인 줄 알고는 백성의 관리를 비방하지 말라는 성경말씀을 인용하며 자신의 잘못을 시인하였습니다.

바울은 자신에게 내려진 명령이 부당함에도 그 명을 내린 자가 대제사장인 것을 아는 순간 권위에 대항한 자신의 잘못을 인정한 것입니다. 이것이 바울이 삶으로 보인 세상의 권위에 대한 복종입니다.

여기서 바울이 인용한 성경 말씀은 출애굽기 22장 28절입니다.

"너는 재판장을 모독하지 말며 백성의 지도자를 저주하지 말라"(출
22:28).

성경은 이렇게 재판관이나 지도자를 욕하지 말라고 가르칩니다.
그럼에도 불구하고 많은 사람들은 권위들이 의롭지 못하다고 여겨
지면 모독하고 저주합니다. 자신의 의견과 다르기만 하여도 국가의
지도자를 비방합니다. 자신의 신념과 가치관이 다르면 그 사람이 대
통령이든, 장관이든, 국회의원이든 상관치 않고 비방과 적대적 언행
을 서슴지 않습니다.

이러한 현상은 보수나 진보가 마찬가지이며 우파나 좌파의 구별
이 없습니다. 믿는 자나 믿지 않는 자가 일반입니다. 미국과 한국에
는 주요 정치적 이슈들을 통하여 이러한 현상들이 점점 심화되고 있
습니다. 그러나 성경은 이러한 행위가 하나님의 명을 거스르는 것이
며 그에 응당한 벌을 받는다고 말씀합니다.

다음은 세상의 권위에 복종하고 지도자들을 축복해야 하는 또 다
른 이유에 대하여 살펴보겠습니다. 디모데전서 2장 1절, 2절을 보겠
습니다.

"그러므로 내가 첫째로 권하노니 모든 사람을 위하여 간구와 기도와 도고
와 감사를 하되" "임금들과 높은 지위에 있는 모든 사람을 위하여 하라 이
는 우리가 모든 경건과 단정함으로 고요하고 평안한 생활을 하려 함이라"

(딤전 2:1-2).

임금들과 고관들을 위하여 기도하고 감사해야 하는 이유는 우리의 삶이 편안하기 위한 것입니다. 반정부 데모를 하거나 국가의 권위에 항거하는 사람들은 삶이 평안하지 않습니다. 악한 독재자의 지배에 항거하는 사람은 잡혀가고 감옥에 갑니다. 고문 당하고 죽임당할 수도 있습니다. 우리의 근대 역사에도 이러한 사건들이 있었습니다.

하나님은 백성들이 세상의 권세를 거슬러 이러한 고난 받는 것을 원하지 않습니다. 그러므로 독재자에게도 복종하라는 것입니다. 세상은 독재자에게 저항하는 사람들을 의롭다고 말하지만 성경은 죄라고 말합니다.

이처럼 세상의 가치관과 하나님의 법은 상치되는 경우가 많습니다. 믿는 사람들은 이를 혼돈하지 말아야 합니다. 세상의 가치관과 하나님의 말씀이 충돌할 때에 하나님의 말씀을 먼저 적용해야 합니다. 하나님의 법은 통치자에게 절대 복종하는 것입니다.

대한민국 국민들은 각자의 정치 신념이나 통치자의 공과에 상관없이 정치 권세에게 복종해야 합니다. 그럴 때에 그들의 삶에 평강이 있고 나라가 평화롭습니다. 성경은 여러분이 안락한 삶을 살 수 있도록 하기 위하여 국가의 모든 권위에 복종하라고 가르칩니다.

다음은 세상의 권위에 불복종하여 심판 받게 되는 예를 보겠습니다. 사무엘하 3장 29절을 보겠습니다.

"그 죄가 요압의 머리와 그의 아버지의 온 집으로 돌아갈지어다 또 요압의 집에서 백탁병자나 나병 환자나 지팡이를 의지하는 자나 칼에 죽는 자나 양식이 떨어진 자가 끊어지지 아니할지로다 하니라" (삼하 3:29).

요압은 다윗 왕의 군대장관이었습니다. 그는 여러 전쟁에서 승리한 능력 있는 장군이었습니다. 그러나 자신의 이해와 관련된 일에서는 다윗의 명령에 복종하지 않았습니다. 이 구절은 다윗이 군대 지휘관으로 새로 영입하려든 아브넬을 요압이 죽인 것을 알고 요압에 대하여 예언한 것입니다.

요압은 자신의 사사로운 감정과 라이벌 의식으로 왕을 거역하고 아브넬을 죽였습니다. 또한 요압은 다윗이 자신의 아들 압살롬을 죽이지 말라고 명하였음에도 이를 거역하고 죽였습니다. 요압은 아도니아를 왕으로 추대하는 반역을 일으키다가 솔로몬에게 죽임 당하였습니다.

요압은 다윗의 이종 조카입니다. 요압은 자신의 권력을 믿고 혈육의 정을 이용하여 다윗 왕의 권위에 여러차례 도전하였습니다. 그의 인생은 칼로 살해당하는 것으로 끝을 맺었습니다. 그의 후손들은 저주의 예언을 받았습니다. 그의 후손들이 칼에 죽고 나병환자가 생기고 굶주릴 것이라고 했습니다. 이처럼 세상의 권위에 복종하지 않은 자에 대한 하나님의 심판은 생각보다 참혹합니다.

수년 전 대한민국은 대통령을 탄핵하는 죄를 지었습니다. 대통령을 탄핵하는 것은 권세에 대한 죄 중에서도 가장 큰 죄에 해당합니다. 왜냐하면 하나님이 세운 통치자를 사람들이 제거하였기 때문입니다.

성경은 모세에게 대항하는 죄는 하나님께 대항한 것과 같은 죄라고 하였습니다. 왜냐하면 하나님이 지도자로 세웠기 때문입니다. 대통령을 탄핵한 자들의 죄는 다윗에게 불복종한 요압의 죄보다 큰 죄입니다. 요압도 왕을 쫓아내는 반역은 하지 않았습니다. 그렇다면 이 사람들은 요압이 받은 벌 보다 더 큰 벌을 받지 않겠습니까?

국가의 권세를 거스르는 죄는 대통령 탄핵을 찬성하고 촛불을 든 사람들에게만 적용되는 것은 아닙니다. 지도자들을 모욕하고 저주하는 모든 사람들이 동일한 죄를 짓는 것입니다. 대한민국에 부정하고 부패하고 무능한 정치인과 관료들이 많이 있는 것은 사실입니다.

그러나 이들이 아무리 사악한 짓을 하더라도 욕하고 저주하지는 마십시오. 오히려 그들이 죄에서 돌이키기를 기도하고 축복하십시오. 이렇게 하는 것이 여러분의 죄는 피하고 회개하지 않은 자들의 머리 위에는 숯불을 더 쌓는 것입니다.

다음은 신의를 지키지 않는 사람들을 하나님께서 어떻게 다루는지 살펴보겠습니다. 성경 전체를 통하여 하나님이 가장 미워하는 부류의 사람이 하나 있습니다. 그것은 교만한 자입니다. 그와 못지않게 하나님이 싫어 하는 사람의 종류가 하나 더 있습니다. 그것은 신의를 저버리는 사람입니다.

한 때 자신에게 은혜를 베푼 사람에게는 기회가 될 때에 그 은혜를 갚아야 합니다. 성경은 신의를 지키는 것을 매우 소중한 가치로 가르치며 사람이 은혜를 모르고 배신할 때 하나님이 엄하게 다스립니다. 사무엘상 25장 10절, 11절을 보겠습니다.

"나발이 다윗의 사환들에게 대답하여 이르되 다윗은 누구며 이새의 아들은 누구냐 요즈음에 각기 주인에게서 떠나는 종이 많도다" "내가 어찌 내 떡과 물과 내 양 털 깎는 자를 위하여 잡은 고기를 잡아다가 어디서 왔는지도 알지 못하는 자들에게 주겠느냐 한지라"(삼상 25:10-11).

다윗의 부하들이 배가 고파 먹을 음식을 나발에게 구하였습니다. 나발은 한 때 다윗이 선대하고 양도 지켜주어 평안히 지낸 적이 있었습니다. 그러나 다윗이 어려운 상황에서 부탁하자 나발은 그것을 거절하였습니다.

나발이 다윗을 무시하고 청을 거절한 이유는 다윗이 사울에게 쫓기는 처지에 있고 힘이 없다는 것을 알았기 때문입니다. 그리하여 다윗을 주인에게서 도망 나온 종으로 비유하며 조롱까지 하였습니다. 이 말을 전해들은 다윗은 배은망덕한 나발을 죽이기로 작정하였습니다. 그러나 나발의 아내 아비가일의 간청을 듣고 나발을 죽이려 하든 마음을 돌렸습니다. 나발은 그 후 몇 날이 못되어 하나님이 직접 쳐죽였습니다. 사무엘상 25장 38절을 보겠습니다.

"한 열흘 후에 여호와께서 나발을 치시매 그가 죽으니라"(삼상 25:38).

여기서의 나발은 한국의 어떤 정치인들을 기억나게 합니다. 이들은 한 때 자신들을 돕고 은혜를 베푼 자신의 주인이 어려운 상황에 처하자 등을 돌렸습니다. 단순히 등을 돌린 것에 그치지 않았습니다. 돌아서서 주인에게 돌을 던졌습니다.

이들은 권위에 대항한 죄와 신의를 저버린 죄 두 가지를 동시에 지은 것입니다. 그럼에도 불구하고 여러분은 그들을 비방하거나 대적하지는 마십시오. 그들도 하나님이 국민을 대표하는 자들로 세웠습니다.

다윗이 나발을 죽이지 않은 것은 아비가일이 다윗에게 직접 손에 피를 묻히는 죄를 짓지 말라고 당부하였기 때문입니다. 그리하였더니 열흘 후에 하나님이 나발을 직접 죽였습니다. 여러분도 이렇게 하라는 것입니다. 그들을 저주하는 죄를 짓지 말고 하나님께 맡겨 두십시오. 그들도 회개할 기회가 있지만 회개하여 돌이키지 않는다면 나발과 같은 운명을 피할 수 없을 것입니다.

예수님은 우파와 좌파로 나뉘어지지 않았습니다. 보수와 진보로 나뉜 적도 없습니다. 하나님은 복종하는 자와 불복종하는 자로 나눕니다. 그러니 법원 판결의 어떠함과 상관없이, 여러분이 어느 편에 서있든지 관계없이 모든 국민은 그 판결에 복종해야 합니다. 왜냐하면 법관들도 여러분의 권세이기 때문입니다.

그러나 대통령 탄핵 판결을 한 법관들은 하나님이 따로 심판할 것입니다. 왜냐하면 그들은 하나님이 세운 대통령을 탄핵하였기 때문입니다. 하나님이 세운 권위에 도전하는 자들은 그들이 국회의원이든지, 판사이든지, 검사이든지, 일반 국민이든지 반드시 그 죄값을 물을 것입니다.

대통령이 탄핵될 즈음 대한민국은 영적으로, 정치 사회적으로 파산의 위기에 처해있었습니다. 반역과 배신과 음모와 속임수와 증오와 다툼 속에 나라가 반으로 쪼개져 표류하였습니다. 법을 지키는 자도 없고 바르게 집행하는 자도 없었습니다.

국가의 공권력은 무력화되거나 불법화 되었습니다. 대한민국 정부는 겨우 숨만 쉬는 식물 정부가 되어버렸습니다. 공익을 추구해야 할 언론은 공공의 적이 되었고 국회의원들과 정당의 지도자들은 권력욕을 채우기 위해 수단과 방법을 가리지 않았습니다.

그리하여 62명의 가룟 유다가 모여 새로운 정당을 만들었습니다. 이들은 신의도 예의도 윤리도 양심도 없었습니다. 이들은 국민을 팔아 자신의 배만 채우는 위선자이며 거짓말쟁이며 속이는 자들이었습니다.

진리의 마지막 보루인 목사들 중에도 대통령 하야를 주장하는 자들이 있었습니다. 참으로 이 나라는 패역한 세대가 되었으며 이 모든 것을 우리는 눈으로 보고 몸으로 겪었습니다. 그럼에도 불구하고 믿는 여러분은 눈에 보이는 것으로 살지 말아야 합니다. 눈에 비친 대로 반응하며 분노하지 마십시오. 보이는 것은 잠깐이고 보이지 않는 것이 영원합니다. 고린도후서 4장 18절을 보겠습니다.

"우리가 주목하는 것은 보이는 것이 아니요 보이지 않는 것이니 보이는 것은 잠깐이요 보이지 않는 것은 영원함이라" (고후 4:18).

촛불도 잠깐이고 태극기도 잠깐이었습니다. 특검도 헌법재판소도 국회의원도 잠깐이었습니다. 영원히 살 것처럼 행하는 자들은 모두 죽습니다. 그러니 서로 다투지 말고 미워하지 마십시오. 촛불을 든 자들도 태극기를 든 자들도 모두 예수 그리스도의 피로 사신 바 되지 않았습니까? 가룟 유다도 구원 받을 수 있었더라면 더 좋았지 않았겠습니까?

세상은 하나님의 영으로, 그리스도의 사랑으로 움직이지 누군가를 미워하는 시위대의 뜻대로 움직이지 않습니다. 그러니 이제 촛불과 태극기를 내려놓고 서로 화해의 손을 내미십시오. 악을 행하던 자들은 회개하고 돌아오십시오. 주님이 우리의 죄를 사하여 주었듯이 여러분도 그들의 죄를 용서하십시오.

권세에 항거하면 고난과 핍박과 죄만 들어오고 평강이 없습니다. 이러한 교훈을 온 대한민국이 깨닫고 대통령과 모든 권세들을 축복하고 그들에게 순복하십시오. 그리하여 모든 경건과 단정함으로 고요하고 평안한 생활을 하게 되기를 예수 그리스도의 이름으로 축복합니다.

영혼을 살리는 설교 4

III
교만과 겸손

7
교만한 자와
겸손한 자

"젊은 자들아 이와 같이 장로들에게 순종하고 다 서로 겸손으로 허리를 동이라 하나님은 교만한 자를 대적하시되 겸손한 자들에게는 은혜를 주시느니라"(베드로전서 5:5).

성경은 크게 두 부류의 사람들을 대조합니다. 그것은 남자와 여자도 아니고 성인과 어린이도 아닙니다. 유대인과 이방인도 아닙니다. 믿는 자와 믿지 않는 자도 아닙니다. 이렇게 분류를 하기도 하지만 하나님의 은혜와 관련하여 성경이 본질적으로 대비를 하는 두 부류는 교만한 자와 겸손한 자입니다.

내가 복음을 전할 때에 만나는 사람도 크게 두 부류입니다. 그것은 믿는 자와 믿지 않는 자가 아닙니다. 유럽인과 유대인도 아닙니다. 복음을 듣는 자와 듣지 않는 자도 아닙니다. 그것은 교만한 자와 겸손한 자입니다.

내가 사역을 하면서 만나는 모든 사람들도 교회 안팎을 막론하고 교만한 자와 겸손한 자로 크게 나누입니다. 겸손한 자를 만나면 반갑고 기쁘지만 교만한 자를 만나면 불쌍한 마음이 듭니다. 그 이유는 본문 말씀에 나와 있습니다. 교만한 자는 하나님이 대적하기 때문입니다.

예수를 믿는 사람 중에도 교만한 자가 있고 예수를 믿지 않는 사람들 중에도 겸손한 자들이 있습니다. 어떤 사람은 복음을 전할 때 그 자리에서 받아들이지는 않지만 그 언행이 매우 겸손한 사람이 있습니다. 이러한 사람을 만나면 언제인가 하나님의 은혜를 입어 예수를 믿고 구원받을 것이라는 감동이 옵니다. 이러한 사람은 성경을 선물로 주면 고맙게 받습니다. 이러한 사람은 겸손한 사람입니다.

가장 마음이 안타까울 때는 예수를 믿는 사람이 겸손하지 않은 것을 볼 때입니다. 왜냐하면 이러한 사람은 비록 예수를 믿는다고 해도 하나님의 은혜를 입기 어렵다는 것을 성경이 말씀하기 때문입니다. 나의 경험으로도 잘 알기 때문입니다.

하나님은 교만한 자를 낮춥니다. 교만한 자를 대적합니다. 하나님이 교만한 자를 낮출 때에 쓰는 방법이 살면서 고난을 겪게 하고 망하게 하는 것입니다. 이 땅에서 지옥을 경험함으로써 겸손한 사람으로 변화시키어 구원하려는 것입니다.

성경이 보여주는 교만한 자의 예를 살펴보겠습니다. 교만의 원조는 사탄입니다. 사탄은 원래 하나님을 섬기는 천사 중에 하나였습니다. 킹제임스 성경은 사탄을 루시퍼라고 부르고 한글 성경은 계명성이라고 부릅니다. 계명성은 아침 별, 또는 밝은 별이라는 좋은 의미를 가지고 있습니다. 이사야 14장 12절에서 14절까지를 보겠습니다.

"너 아침의 아들 계명성이여 어찌 그리 하늘에서 떨어졌으며 너 열국을 엎은 자여 어찌 그리 땅에 찍혔는고""네가 네 마음에 이르기를 내가 하늘에 올라 하나님의 뭇 별 위에 내 자리를 높이리라 내가 북극 집회의 산 위에 앉으리라""가장 높은 구름에 올라가 지극히 높은 이와 같아지리라 하는도다"(사 14:12-14).

이처럼 좋은 직위와 이름을 가진 천사가 스스로를 높여 하나님과 같아지려 하였습니다. 이렇게 하는 것은 교만입니다. 그리하여 하늘에서 쫓겨났으며 사탄 마귀라고 불리게 된 것입니다. 이처럼 사탄의 대표적인 속성이 교만입니다. 그러므로 교만한 자는 마귀에 속한 자라는 등식이 성립됩니다.

또 다른 교만한 자들의 예를 보겠습니다. 창세기 11장 3절, 4절을 보겠습니다.

"서로 말하되 자, 벽돌을 만들어 견고히 굽자 하고 이에 벽돌로 돌을 대신하며 역청으로 진흙을 대신하고""또 말하되 자, 성읍과 탑을 건설하여 그 탑 꼭대기를 하늘에 닿게 하여 우리 이름을 내고 온 지면에 흩어짐을 면하자 하였더니"(창 11:3-4).

인간들이 한 곳에 모여 바벨탑을 높이 쌓아 하나님과 견주려 하였습니다. 하나님은 인간들이 온 지면에 흩어져 여러 국가를 세워 살도록 인도하였습니다. 그러나 인간들은 하나로 뭉쳐서 한 곳에 살려고 합니다. 이렇게 하는 것은 하나님의 섭리를 거스르는 것이며 교만한 것입니다. 하나님은 이들의 언어가 서로 통하지 않도록 함으로써 교만한 자들의 행위를 중단시켰습니다.

민수기 16장 1절에서 3절까지를 보겠습니다.

"레위의 증손 고핫의 손자 이스할의 아들 고라와 르우벤 자손 엘리압의
아들 다단과 아비람과 벨렛의 아들 온이 당을 짓고" "이스라엘 자손 총회
에서 택함을 받은 자 곧 회중 가운데에서 이름 있는 지휘관 이백오십 명
과 함께 일어나서 모세를 거스르니라" "그들이 모여서 모세와 아론을 거
슬러 그들에게 이르되 너희가 분수에 지나도다 회중이 다 각각 거룩하고
여호와께서도 그들 중에 계시거늘 너희가 어찌하여 여호와의 총회 위에
스스로 높이느냐" (민 16:1-3).

고라와 그의 일당이 모세를 거슬러 대적하였습니다. 그 이유는 자
신의 가문에서 제사장을 세우지 않음으로 인해 불만이 있었기 때문
입니다. 고라는 하나님이 자신과도 함께 하므로 권세를 나누어 가져
야 한다고 모세에게 대항하다가 심판 받았습니다. 민수기 16장 31절
에서 35절까지를 보겠습니다.

"그가 이 모든 말을 마치자마자 그들이 섰던 땅바닥이 갈라지니라" "땅이
그 입을 열어 그들과 그들의 집과 고라에게 속한 모든 사람과 그들의 재
물을 삼키매" "그들과 그의 모든 재물이 산 채로 스올에 빠지며 땅이 그
위에 덮이니 그들이 회중 가운데서 망하니라" "그 주위에 있는 온 이스라
엘이 그들의 부르짖음을 듣고 도망하며 이르되 땅이 우리도 삼킬까 두렵
다 하였고" "여호와께로부터 불이 나와서 분향하는 이백오십 명을 불살

랐더라" (민 16:31-35).

모세의 권위에 대항하던 고라와 그의 일당은 땅이 갈라지고 불이 내려와 모두 죽었습니다. 이처럼 교만한 자들은 하나님의 심판을 받아 멸망합니다.

요압은 다윗의 군대 장관이었습니다. 지금의 직위에 비교하면 요압은 이스라엘의 국방장관입니다. 그는 다윗의 부하이며 조카로서 전쟁에 탁월한 장군이었습니다. 그는 권세가 강하여 왕인 다윗도 눈치를 보아야 할 정도였습니다. 그런데 이 자는 교만하였습니다. 이 자가 교만한 것은 왕의 명령을 거역한 데서 볼 수 있습니다.

다윗의 아들 압살롬이 아버지에게 반역하여 쿠데타를 일으키자 요압이 이를 제압하러 갔습니다. 그 때에 다윗은 압살롬을 죽이지 말 것을 당부하였습니다. 사무엘하 18장 5절을 보겠습니다.

"왕이 요압과 아비새와 잇대에게 명령하여 이르되 나를 위하여 젊은 압살롬을 너그러이 대우하라 하니 왕이 압살롬을 위하여 모든 군지휘관에게 명령할 때에 백성들이 다 들으니라" (삼하 18:5).

그러나 요압은 왕의 명령을 거역하고 압살롬을 죽였습니다. 사무엘하 18장 14절, 15절을 보겠습니다.

"요압이 이르되 나는 너와 같이 지체할 수 없다 하고 손에 작은 창 셋을 가지고 가서 상수리나무 가운데서 아직 살아 있는 압살롬의 심장을 찌르

니" "요압의 무기를 든 청년 열 명이 압살롬을 에워싸고 쳐죽이니라" (삼
하 18:14-15).

이러한 일 외에도 요압은 다윗이 군대의 장수로 임명하려던 자를
자신의 라이벌이 될 것을 염려하여 임의로 살해하는 패역함도 보였
습니다. 이렇게 권위를 거역하는 교만한 자가 결국에 어떻게 되는지
보겠습니다. 열왕기상 2장 5절을 보겠습니다.

"스루야의 아들 요압이 내게 행한 일 곧 이스라엘 군대의 두 사령관 넬의
아들 아브넬과 예델의 아들 아마사에게 행한 일을 네가 알거니와 그가 그
들을 죽여 태평 시대에 전쟁의 피를 흘리고 전쟁의 피를 자기의 허리에 띤
띠와 발에 신은 신에 묻혔으니 네 지혜대로 행하여 그의 백발이 평안히 스
올에 내려가지 못하게 하라" (왕상 2:5).

이 구절은 다윗이 아들 솔로몬에게 죽기 전에 당부한 말입니다. 요
압을 죽이라는 유언을 남겼습니다. 열왕기상 2장 29절과 34절을 보
겠습니다.

"어떤 사람이 솔로몬 왕에게 아뢰되 요압이 여호와의 장막으로 도망하여
제단 곁에 있나이다 솔로몬이 여호야다의 아들 브나야를 보내며 이르되
너는 가서 그를 치라" (왕상 2:29).
"여호야다의 아들 브나야가 곧 올라가서 그를 쳐죽이매 그가 광야에 있는
자기의 집에 매장되니라" (왕상 2:34).

요압은 솔로몬의 칼에 죽었습니다. 다윗이 다스리던 40년 동안을 이스라엘의 2인자로 지냈던 요압도 결국 교만으로 인하여 인생의 말로가 비참하게 되었습니다.

이스라엘의 역사에는 교만한 왕들이 많았습니다. 실제로 대부분의 왕들이 교만과 불순종으로 인해 벌을 받았습니다. 그 중의 한 사람에 대하여 살펴보겠습니다. 역대하 36장 12절을 보겠습니다.

"그의 하나님 여호와 보시기에 악을 행하고 선지자 예레미야가 여호와의 말씀으로 일러도 그 앞에서 겸손하지 아니하였으며" (역하 26:12).

악을 행하고 겸손하지 않은 사람은 유다의 마지막 왕인 시드기야입니다. 시드기야는 바벨론으로 순순히 잡혀가라는 하나님의 말씀에 불순종하였습니다. 그리하여 자신이 보는 앞에서 자녀들이 죽임을 당하고 자신도 눈 알이 뽑힌 후 끌려가 죽었습니다. 매우 비참한 모습으로 망한 비운의 왕이었습니다.

시드기야 왕은 예레미야가 참 선지자인 줄을 알았습니다. 그에게 직접 하나님의 뜻을 묻기도 하였지만 교만하여 말을 듣지 않았습니다. 자신의 소견에 옳은 대로 행하다가 망한 것입니다.

이상으로 교만한 자들의 예를 살펴보았습니다. 이들은 불순종하는 자들입니다. 하나님처럼 되려고 했던 사탄과 바벨탑을 쌓던 자들과 모세와 다윗을 거스르던 자들은 모두 교만한 자들입니다. 하나님의 말씀을 대언하는 선지자의 말을 듣지 않았던 이스라엘의 많은 왕들도 모두 교만한 것입니다.

이처럼 교만한 자는 하나님을 거스르거나 하나님이 세운 권세를 거스르는 특징이 있습니다. 이것은 사탄의 본질적인 속성이기도 합니다. 그러므로 사람이 교만하게 언행을 하면 그 사람은 마귀에게 속한 자라고 판단할 수 있는 것입니다.

이제부터는 겸손에 대하여 상고를 해보겠습니다. 겸손은 예수님의 본질적인 속성입니다. 예수님의 삶이 그것을 증명합니다. 예수님은 말구유에 태어났습니다. 탄생할 때부터 겸손한 모습을 하였습니다. 예수님은 몸을 낮추고 제자들의 발을 닦았습니다. 사역을 할 때에도 겸손한 종의 모습을 하였습니다. 왕으로 오셨음에도 겸손하여 나귀를 타고 예루살렘 성에 들어갔습니다.

마태복음 21장 5절을 보겠습니다.

"시온 딸에게 이르기를 네 왕이 네게 임하나니 그는 겸손하여 나귀, 곧 멍에 메는 짐승의 새끼를 탔도다 하라 하였느니라" (마 21:5).

이처럼 예수님이 겸손한 모습을 보인 것은 사람들도 본을 받아 그대로 행할 것을 교훈하기 위한 것입니다. 성경이 어떠한 사람을 겸손하다고 말씀하는지 살펴보겠습니다. 스바냐 2장 3절을 보겠습니다.

"여호와의 규례를 지키는 세상의 모든 겸손한 자들아 너희는 여호와를 찾으며 공의와 겸손을 구하라 너희가 혹시 여호와의 분노의 날에 숨김을 얻으리라" (습 2:3).

여호와의 규례를 지키는 사람이 겸손한 사람입니다. 빌립보서 2장 3절을 보겠습니다.

"아무 일에든지 다툼이나 허영으로 하지 말고 오직 겸손한 마음으로 각각 자기보다 남을 낫게 여기고" (빌 2:3).

자기보다 남을 낫게 여기는 것이 겸손입니다. 마태복음 11장 29절을 보겠습니다.

"나는 마음이 온유하고 겸손하니 나의 멍에를 메고 내게 배우라 그리하면 너희 마음이 쉼을 얻으리니" (마 11:29).

예수님으로부터 겸손을 배우면 사람들의 마음이 쉼을 얻을 수 있습니다. 멍에를 메는 것은 남을 위하여 고난을 감수한다는 의미입니다. 남의 유익을 위하여 희생하는 것이 겸손입니다.

이상의 세 가지가 겸손한 자의 속성입니다. 하나님의 계명을 지키며 다른 사람을 자신보다 낫게 여기고 남의 유익을 위하여 희생하는 사람이 겸손한 자입니다. 이 세 가지를 갖추면 겸손한 사람이 되는 것입니다.

하나님이 겸손하다고 인정한 사람이 있습니다. 역대하 34장 27절을 보겠습니다.

"내가 이 곳과 그 주민을 가리켜 말한 것을 네가 듣고 마음이 연약하여 하나님 앞 곧 내 앞에서 겸손하여 옷을 찢고 통곡하였으므로 나도 네 말을 들었노라 여호와가 말하였느니라" (역하 34:27).

이 구절은 요시야 왕에 대한 말씀입니다. 8살의 어린 나이에 왕이 된 요시야는 20살 청년의 때에 이미 예루살렘의 우상을 모두 없애 버렸습니다. 바알의 제사장들을 죽여 그 뼈를 불사라 버릴 정도로 하나님께 신실한 왕이었습니다.

그가 26살 되던 해에 성전 수리 중에 발견된 모세의 율법책을 읽게 되었습니다. 이스라엘 백성이 그 동안 하나님께 많은 죄를 지은 것을 깨닫고 옷을 찢으며 회개하였습니다. 이 구절은 그 때에 하나님이 요시야 왕에게 주신 말씀입니다. 요시야 왕이 여호와 앞에 겸손하였습니다. 다음은 역대하 34장 31절을 보겠습니다.

"왕이 자기 처소에 서서 여호와 앞에서 언약을 세우되 마음을 다하고 목숨을 다하여 여호와를 순종하고 그의 계명과 법도와 율례를 지켜 이 책에 기록된 언약의 말씀을 이루리라 하고" (역하 34:31).

요시야 왕은 마음을 다하고 목숨을 다하여 하나님께 순종하고 모든 계명을 지키기로 하나님께 언약하였습니다. 겸손한 자는 하나님의 말씀에 순종하고 계명을 지키는 자라는 것을 요시야 왕의 예를 통하여도 알 수 있습니다.

겸손하다고 인정받은 또 다른 사람에 대하여 살펴보겠습니다. 다니엘 10장 12절을 보겠습니다.

"그가 내게 이르되 다니엘아 두려워하지 말라 네가 깨달으려 하여 네 하나님 앞에 스스로 겸비하게 하기로 결심하던 첫날부터 네 말이 응답 받았으므로 내가 네 말로 말미암아 왔느니라" (단 10:12).

선지자 다니엘이 하나님 앞에 스스로 겸손하므로 기도를 응답 받았습니다. 겸비하다는 것은 겸손과 같은 의미입니다. 다니엘은 믿음과 지혜가 뛰어난 흠이 없는 사람으로 하나님의 은총을 크게 입은 자입니다. 다니엘이 이처럼 하나님의 은혜를 많이 입은 것도 그가 겸손하기 때문입니다.

구약의 때에는 하나님이 주신 말씀을 그대로 전하는 사명을 가진 선지자들이 있었습니다. 이들은 하나님이 지명한 사람들입니다. 그러나 이러한 선지자들이 실제로 하나님의 말씀을 그대로 전하는 것이 쉬운 일은 아니었습니다. 왜냐하면 핍박 받을 수 있기 때문입니다. 실제로 선지자 예레미야는 예언을 함으로써 감옥에 갇혔습니다. 매를 맞기도 하고 죽을 뻔도 하였습니다.

선지자 미가야도 예언을 하다가 뺨을 맞았습니다. 아모스 선지자는 자신이 선지자가 아니라 뽕나무꾼이라고 겸손하였습니다. 이처럼 고대의 참 선지자들은 모두 순종하는 자들이며 순종하는 자는 곧 겸손한 자들입니다. 하나님은 오직 겸손한 자만 들어 씁니다.

지금까지 겸손한 자들에 대하여 살펴보았습니다. 다시 정리를 하면 예수님이 겸손한 사람의 가장 훌륭한 본보기입니다. 이스라엘 왕 중에는 요시야 왕이 대표적인 겸손한 인물입니다. 선지자 다니엘이 겸손하였습니다. 그 외의 하나님의 모든 선지자들이 겸손하였습니다. 이들은 하나님의 말씀에 순종한 자들입니다.

이러한 겸손한 자들이 받는 복에 대하여 성경이 말씀하는 것을 보겠습니다. 잠언 11장 2절을 보겠습니다.

"교만이 오면 욕도 오거니와 겸손한 자에게는 지혜가 있느니라"(잠 11:2).

잠언 29장 23절을 보겠습니다.

"사람이 교만하면 낮아지게 되겠고 마음이 겸손하면 영예를 얻으리라"(잠 29:23).

잠언 18장 12절을 보겠습니다.

"사람의 마음의 교만은 멸망의 선봉이요 겸손은 존귀의 길잡이니라"(잠 18:12).

이상의 구절은 교만과 겸손을 대비하여 말씀합니다. 교만한 자는 모욕을 받고 낮아지고 멸망합니다. 그러나 겸손한 자는 지혜롭게 되고 영예를 얻으며 존귀하게 됩니다.

다음은 욥기 22장 29절과 시편 149장 4절을 보겠습니다.

"사람들이 너를 낮추거든 너는 교만했노라고 말하라 하나님은 겸손한 자를 구원하시리라" (욥 22:29).

"여호와께서는 자기 백성을 기뻐하시며 겸손한 자를 구원으로 아름답게 하심이로다" (시 149:4).

이 두 구절은 겸손한 자가 구원받는다고 말씀합니다. 이처럼 겸손은 구원을 결정 지을 정도로 중요한 인간의 덕목이자 하나님의 명령입니다.

마지막으로 현실에서 겸손과 교만을 실제적으로 구별하는 지혜에 대하여 나누겠습니다. 성경이 말씀하는 겸손과 세상에서 인식하는 겸손한 언행에는 차이가 있습니다. 겸손은 허리를 많이 굽혀 인사하거나 부드러운 표정을 짓는 것이 아닙니다. 늘 웃으면서 예예 하는 것도 아닙니다. 이렇게 하는 것은 좋은 것이지만 성경이 말씀하는 겸손은 아닙니다.

성경이 정의하는 겸손은 하나님의 말씀대로 행하는 것입니다. 그러므로 겉으로 보이는 것이 늘 부드러운 것은 아닙니다. 그러나 세상은 부드러운 언행을 하는 사람을 겸손하다고 판단합니다.

예수께서 때로는 과격한 언행으로 사역을 하였습니다. 바리새인들을 독사의 자식이라고 불렀습니다. 환전상의 테이블을 엎어 버렸습니다. 세상은 이러한 언행을 교만하다고 판단할지 모르지만 이것은 교만이 아닙니다. 왜냐하면 하나님의 뜻을 따라 순종한 일이기 때문입니다.

웃으며 허리를 굽히지만 교만한 자가 있고 거칠게 죄를 지적할지라도 겸손한 자가 있습니다. 예수님을 곤경에 빠뜨리기 위하여 공손하게 질문을 했던 바리새인은 실제로 교만하였습니다. 그들에게 일곱 번이나 저주의 독설을 퍼 부은 예수님은 겸손한 분입니다. 여러분은 이러한 겸손과 교만을 구별할 수 있어야 합니다.

성경은 교만과 겸손에 대하여 많은 말씀을 합니다. 교만과 겸손을 대비하여 교훈합니다. 교만한 자는 스스로를 높이고 하나님의 말씀에 불순종하는 자입니다. 겸손한 자는 남을 낮게 여기고 하나님의 말씀에 순종하는 자입니다. 겸손한 자가 가는 곳이 천국이고 교만한 자가 가는 곳이 지옥입니다.

이 설교를 듣는 여러분은 하나님의 말씀에 겸손하게 순종하여 모두 천국에 들어가기를 겸손의 본을 보인 예수 그리스도의 이름으로 축복합니다.

8
아벨의 제사
가인의 제사

"세월이 지난 후에 가인은 땅의 소산으로 제물을 삼아 여호와께 드렸고" "아벨은 자기도 양의 첫 새끼와 그 기름으로 드렸더니 여호와께서 아벨과 그의 제물은 받으셨으나" "가인과 그의 제물은 받지 아니하신지라 가인이 몹시 분하여 안색이 변하니" "여호와께서 가인에게 이르시되 네가 분하여 함은 어찌 됨이며 안색이 변함은 어찌 됨이냐" "네가 선을 행하면 어찌 낯을 들지 못하겠느냐 선을 행하지 아니하면 죄가 문에 엎드려 있느니라 죄가 너를 원하나 너는 죄를 다스릴지니라" "가인이 그의 아우 아벨에게 말하고 그들이 들에 있을 때에 가인이 그의 아우 아벨을 쳐죽이니라" (창세기 4:3-8).

가인은 하나님이 죄를 다스리라고 말씀하자 마자 오히려 살인을 합니다. 인류 최초의 살인이고 피 흘림입니다. 인간은 육체를 입어 죄성을 갖고 태어나며 그 죄성으로 인해 살면서 죄를 짓게 됩니다. 그러나 하나님은 인간들에게 죄를 다스릴 수 있는 본성과 능력을 주었습니다. 본문 말씀 중 창세기 4장 7절 끝 부분을 다시 보겠습니다.

"…죄가 너를 원하나 너는 죄를 다스릴지니라" (창 4:7).

하나님이 죄를 다스리라고 명하였다는 것은 사람에게 다스릴 능력을 주었다는 의미입니다. 하나님은 인간이 할 수 없는 것을 명령하지 않습니다. 그러므로 하나님이 내가 거룩하니 너희도 거룩하라고 하신 말씀에는 인간도 하나님처럼 거룩해 질 수 있도록 지음을 받았다는 의미가 있습니다. 아벨은 이러한 삶을 살았으며 가인은 그렇지 못하였습니다. 히브리서 11장 4절을 보겠습니다.

> "믿음으로 아벨은 가인보다 더 나은 제사를 하나님께 드림으로 의로운 자라 하는 증거를 얻었으니 하나님이 그 예물에 대하여 증언하심이라 그가 죽었으나 그 믿음으로써 지금도 말하느니라" (히 11:4).

이 구절에서 아벨이 가인보다 더 나은 제사를 지냈다는 것은 아벨이 가인보다 선하고 의롭게 살았다는 것입니다. 아벨이 가인보다 더 믿음이 좋았다는 뜻입니다. 아벨의 제사와 가인의 제사가 어떻게 다른 지, 하나님이 가인의 제사를 받지 않은 이유가 무엇인지 살펴보겠습니다.

가인도 땅의 소산으로 하나님께 제물을 드렸습니다. 하나님이 가인의 제물을 받지 않은 것은 동물의 피가 아니었기 때문이 아닙니다. 제물의 양이 적었거나 질이 나빠서 그랬던 것도 아닙니다. 제사의 형식이 잘못 되어 그랬던 것도 아닙니다.

하나님이 가인의 제사를 받지 않은 이유는 가인이 거룩하지 않은 상태로 제사를 드렸기 때문입니다. 죄를 짓고 회개하지 않은 상태로 제사 드렸기 때문에 하나님은 가인의 제사를 받지 않았습니다. 본문

7절의 말씀을 다시 보겠습니다.

"네가 선을 행하면 어찌 낯을 들지 못하겠느냐 선을 행하지 아니하면 죄
가 문에 엎드려 있느니라 죄가 너를 원하나 너는 죄를 다스릴지니라"(창
4:7).

가인은 하나님이 자신의 제사를 받지 않자 분이 나서 안색이 바뀌
었습니다. 가인은 자신이 지은 죄를 회개하지 않고 제사를 받지 않
은 하나님을 원망하였습니다. 그러자 하나님은 가인에게 죄의 유혹
에 넘어가지 말고 죄를 다스리라고 책망하였습니다.

이 구절에는 또 다른 중요한 포인트가 있습니다. 죄를 짓게 되는
이유가 선을 행하지 않았기 때문이라는 것입니다. 선을 행하지 않으
면 죄가 문에 엎드려 있다고 합니다. 죄도 짓지 않고 선도 행하지 않
는 사람들이 있습니다. 그런 사람도 실제로 죄를 짓는 것입니다. 왜
냐하면 하라는 것을 하지 않는 것도 죄이기 때문입니다.

이 구절은 선행이 죄를 예방하는 의미가 있음을 보여줍니다. 선을
행하지 않는 사람은 그 자체로도 죄이지만 더 큰 죄도 범하게 됩니
다. 가인이 제사를 드리기 전까지 그의 죄는 성경에 나타나지 않지만
선을 행하지 않은 것은 분명합니다. 책망을 받은 가인은 회개를 한
것이 아니라 더 큰 죄를 지었습니다. 평소에 선을 행하지 않으므로
살인까지 하게 된 것입니다.

하나님이 받는 예배와 헌금은 그것을 드리는 사람의 삶으로 가치
를 인정받습니다. 삶이 경건하지 않고 거룩하지 않은 사람의 예배는

하나님이 받지 않습니다. 본문 말씀 중 죄가 너를 원한다는 것은 죄의 유혹이 있다는 뜻입니다. 그렇지만 너는 그 죄의 유혹에 빠져 죄를 짓지 말라는 것입니다. 죄를 짓지 않고 와서 제사를 드리면 받겠다는 것입니다.

제사를 드릴 때에는 제물만 바치는 것이 아니라 제사하는 사람도 바치는 것입니다. 본문 말씀은 아벨과 그의 제물, 가인과 그의 제물이라고 표현합니다. 짐승도 흠이 없는 것으로 바쳐야 하는데 하물며 인간이 죄를 짓고 속죄함도 없이 흠이 있는 채로 자신을 제물로 드릴 수 없습니다. 그러므로 거룩하지 못한 가인과 그의 제물은 하나님이 받지 않은 것입니다.

여러분의 삶도 흠이 없어야 하나님이 여러분의 예배를 받습니다. 어린 양의 혼인 잔치에는 예복을 입어야 들어갈 수 있습니다. 그 예복은 점도 흠도 없어야 합니다. 주름도 없어야 합니다. 빛나고 깨끗한 세마포여야 합니다. 요한계시록 19장 7절, 8절을 보겠습니다.

"우리가 즐거워하고 크게 기뻐하며 그에게 영광을 돌리세 어린 양의 혼인 기약이 이르렀고 그의 아내가 자신을 준비하였으므로" "그에게 빛나고 깨끗한 세마포 옷을 입도록 허락하셨으니 이 세마포 옷은 성도들의 옳은 행실이로다 하더라" (계 19:7-8).

어린 양의 신부의 예복을 성도들의 옳은 행실로 비유합니다. 선한 일을 한 사람들만 그리스도의 신부가 될 수 있다는 것입니다. 그러한 사람들에게만 하나님이 빛나고 하얀 세마포 옷을 입혀 줍니다. 하나님이 가인의 제사를 받지 않은 것은 가인이 어린 양의 혼인 잔치에 초대받지 못한 것입니다. 어린 양의 혼인 잔치에 초대받지 못한 것은 구원받지 못했다는 뜻입니다.

성경은 어떠한 사람이 구원을 받고 천국을 가는지에 대하여 여러 가지로 표현합니다. 이런 모든 표현을 한 마디로 말하면 거룩해야 구원받는다는 것입니다. "내가 거룩하니 너희도 거룩하라"는 말씀은 강력한 구원의 메시지입니다.

그렇다면 "내가 거룩하니"라고 말씀한 하나님이 얼마나 거룩한지 요한계시록 4장 8절을 보겠습니다.

"네 생물은 각각 여섯 날개를 가졌고 그 안과 주위에는 눈들이 가득하더라 그들이 밤낮 쉬지 않고 이르기를 거룩하다 거룩하다 거룩하다 주 하나님 곧 전능하신이요 전에도 계셨고 이제도 계시고 장차 올 이시라 하고" (계 4:8).

이 구절에서 네 생물은 모든 살아있는 피조물을 상징합니다. 인간 뿐만 아니라 모든 피조물들이 "거룩하다 거룩하다"라고 영광을 돌립니다. 밤낮 쉬지 않고 거룩하다는 말만 외칩니다. 천국에서 하나님께 올리는 찬양은 "하나님은 거룩하다" 외에 다른 수식어가 필요 없습니다. 하나님께서 이처럼 거룩하다면 거룩하지 않은 사람이 어찌 하나님과 함께 할 수 있겠습니까?

흰 셔츠에 작은 김치국물만 튀어도 입지 못합니다. 남 보기에도 부끄럽고 자신도 기분이 상합니다. 세상에서 입는 흰 셔츠에 묻은 작은 흠을 용납하지 않는다면 하늘 나라의 혼인 잔치에 입을 예복은 어떠해야 하겠습니까?

아벨의 제사는 어린 양의 혼인 잔치에 참여하는 제사입니다. 아벨은 흠 없는 예복을 입은 신부입니다. 여러분도 모두 옳은 행실로써 깨끗하고 흠 없는 예복을 입고 어린 양의 혼인 잔치에 오기를 예수 그리스도의 이름으로 축복합니다.

지금까지는 하나님은 선을 행하는 경건하고 거룩한 사람들의 예배, 아벨의 예배만 받고 죄 가운데 있는 사람, 회개하지 않은 사람, 가인의 예배는 받지 않는다는 것에 대하여 나누었습니다. 이제부터는 성경에서 말씀하는 거룩하고 경건한 삶은 사는 것이 어떠한 것인지에 대하여 살펴보겠습니다.

거룩하다는 말은 히브리 언어로 "콰도시"라고 하는데 이 말의 원래 뜻은 "구별되다" 입니다. 거룩이란 세상과 구별되는 것이며 세상을 사랑하지 않는 것입니다. 거룩은 오래 기도하고 금식하는 것이 아닙니다. 성경을 오래 묵상하는 것이 거룩이 아닙니다. 거룩한 사람들은 기도와 금식과 성경 묵상을 성실히 할 것이지만 그것 자체가 거룩한 삶은 아닙니다. 성경 묵상과 기도는 사람들을 거룩한 길로 인도하는 수단입니다.

거룩은 TV를 보지 않는 것입니다. 인터넷으로 오락을 하지 않는 것입니다. 세상적인 취미 생활을 하지 않는 것이 거룩한 것입니다. 믿지 않는 자와 어울리지 않는 것이 거룩입니다. 세상 일을 주제로 잡담이나 농담하지 않는 것이 거룩입니다. 좋은 옷, 좋은 차, 좋은 집에 관심이 없는 것이 거룩입니다. 돈을 목적으로 살지 않는 것이 거룩한 것입니다.

"내가 거룩하니 너희도 거룩하라"고 말씀하신 하나님이 원하는 거룩은 이러한 것들입니다. 세상과 구별 되되 완전하게 구별되는 것입니다. 하나님은 이러한 사람들의 예배만 받습니다. 이것이 아벨의 제사입니다. 야고보서 1장 27절을 보겠습니다.

"하나님 아버지 앞에서 정결하고 더러움이 없는 경건은 곧 고아와 과부를 그 환난 중에 돌보고 또 자기를 지켜 세속에 물들지 아니하는 그것이니라" (약 1:27).

이 구절은 경건에 대한 정의를 잘 보여줍니다. 경건과 거룩은 같은 의미입니다. 어떤 사람이 경건하다고 하면 그 사람은 거룩한 삶을 살고 있는 것입니다. 그런데 야고보서 1장 27절에는 경건의 의미가 두 가지입니다. 그 두 가지가 합해져야 경건한 것입니다.

하나는 자기를 지켜 세속에 물들지 않는 것입니다. 이것은 조금 전에 설명한대로 세상과 구별되는 것을 뜻합니다. 다른 하나는 고아와 과부를 환난 중에 돌보는 것입니다. 고아와 과부는 가난한 자를 의미합니다. 이들은 도움이 없이는 굶을 수밖에 없는 사람들입니다. 이들을 돕는 것이 경건한 것입니다. 이것이 하나님 아버지 앞에서 정결하고 더러움이 없는 경건입니다.

세상에는 행할 수 있는 선의 종류가 많이 있습니다. 그 중에서 하나님이 가장 중요하게 말씀하는 것 중에 하나가 가난한 자를 돕는 것입니다. 신명기 15장 11절을 보겠습니다.

"땅에는 언제든지 가난한 자가 그치지 아니하겠으므로 내가 네게 명령하여 이르노니 너는 반드시 네 땅 안에 네 형제 중 곤란한 자와 궁핍한 자에게 네 손을 펼지니라" (신 15:11).

이 말씀에는 가난한 자들이 있는 것은 가난하지 않은 사람들의 책임이라는 의미가 있습니다. 그리고 돕지 않으면 그것은 선을 행하지 않는 것이며 죄가 들어오게 되는 것입니다. 행함이 없는 믿음은 죽은 믿음이라고 할 때 그 행함은 가난한 자, 곤경에 처한 자를 돕는 것입니다.

재물에 욕심이 있는 사람은 가난한 자를 힘써 돕지 않습니다. 가난한 자를 돕지 않는 것은 경건하지 않은 것입니다. 세상에는 궁핍하여 병들거나 굶어 죽는 사람들이 너무 많습니다. 힘에 겹도록 도와주어도 모자랍니다. 가난한 자를 힘써 돕는 것이 경건입니다. 하나님은 이러한 사람의 예배만 받으십니다. 이것이 아벨의 제사입니다.

가인이 하나님께 반응하는 것을 통하여 인간의 악함과 회개하지 않는 죄성을 살펴보겠습니다. 창세기 4장 6절과 8절을 보겠습니다.

"여호와께서 가인에게 이르시되 네가 분하여 함은 어찌 됨이며 안색이 변함은 어찌 됨이냐" (창 4:6).
"가인이 그의 아우 아벨에게 말하고 그들이 들에 있을 때에 가인이 그의 아우 아벨을 쳐 죽이니라" (창 4:8).

하나님이 가인의 제사를 받지 않았을 때 가인의 첫 반응은 분노한 것입니다. 하나님은 가인의 제사를 받지 않은 이유가 그의 죄 때문이라고 책망하였습니다. 죄에서 돌이키고 선을 행하라고 말씀하였습니다. 즉시 보응하지 않고 인내하며 회개할 기회를 주었습니다. 그럼에도 불구하고 가인은 회개하지 않고 하나님에 대한 원망과 동생 아벨에 대한 시기로 더 큰 죄를 지었습니다. 동생을 돌로 쳐 죽인 것입니다.

여기서 한 가지 중요한 포인트는 가인이 많은 인간들 중에서 특별히 악한 인간이 아니라는 것입니다. 가인은 평균적인 인간의 속성을 갖고 있습니다. 대부분의 인간들이 아벨보다는 가인의 모습에 가깝습니다.

예수님 때의 바리새인들이 가인과 비슷한 부류의 인간들입니다. 예수님을 십자가에 못 박을 때 소리 지른 많은 군중들이 가인입니다. 요셉을 죽이려 하다가 팔아버린 그의 형들도 아벨보다는 가인을 닮았습니다. 이스라엘의 조상 열두 지파 중 대부분이 가인처럼 행하였다면 더 이상 무슨 설명이 필요하겠습니까?

그러나 더욱 슬픈 것은 현대의 교회 안에도 회개하지 않은 가인들이 많다는 것입니다. 세상과 더불어 살다가 일주일에 한 번 교회에서 예배를 드리는 사람들이 그러한 사람들입니다. 여러분이 지금 이 설교를 들을 때 거룩하고 경건한 삶을 살지 않아 오늘 드리는 예배를 하나님이 받지 않을 것이라는 마음이 들면 회개하십시오. 죄를 지적하는 성령의 음성을 듣고 분하여 안색이 변하는 대신 회개하여 거룩하게 되십시오.

오늘 하나님의 말씀이 분명하게 여러분의 신앙 양심을 찔러 옴에도 회개하지 않고 회개의 열매를 맺지 않는다면 여러분은 가인의 길로 가고 있는 것입니다. 그 길은 본인도 멸망하고 다른 사람도 사망에 이르게 하는 것입니다. 입으로는 그리스도를 생명의 주로, 구원의 주로 고백하면서 삶으로는 부인하는 사람들이 구원받을 수 없습니다.

하나님은 신령과 진정으로 예배를 드리라고 합니다. 아벨의 제사가 신령과 진정으로 드린 것입니다. 가인의 제사는 형식과 거짓으로 드린 것입니다. 하나님은 거룩한 손을 들어 찬양하라고 합니다. 거룩한 손은 거룩한 삶을 의미합니다. 손을 높이 올리고 큰 소리로 찬양하여도 그 사람의 삶이 거룩하지 않으면 그 찬양은 하나님이 받지 않습니다. 그것은 가인의 제사입니다. 이제는 가인의 제사를 거두고 아벨의 제사를 드려야 할 때입니다.

여러분은 들림 받을 세대 가운데 살고 있습니다. 주님이 오실 길을 준비하는 세대입니다. 지금 하늘에는 어린 양의 혼인잔치가 준비되어 있습니다. 여러분은 흠 없고 빛난 세마포 옷을 준비할 신부들입니다. 깨끗하고 빛나는 예복은 회개하여 돌아와서 옳은 행실을 하는 것입니다.

홍수 전에 노아가 방주에 들어가던 날까지 사람들은 먹고 마시고 장가들고 시집가면서 홍수로 멸망 당할 때까지 깨닫지 못했습니다. 여러분은 노아 때의 사람들처럼 되지 말아야합니다. 지금 또 다른 방주가 준비되었으며 아직 그 문이 열려 있습니다.

그러므로 여러분은 이제 세상에서 나와서 용서할 사람을 용서하십시오. 화해할 사람과 화해하십시오. 도울 사람을 도우십시오. 사랑해야 할 사람을 사랑하십시오. 구원해야 할 사람을 구원하십시오. 그리고 함께 방주 안으로 들어가십시오. 방주의 문이 닫히기 전에 들어가십시오.

곧 휴거가 일어납니다. 휴거는 방주의 문이 닫히는 것입니다. 그러니 이제는 더 이상 죄를 지을 시간이 없습니다. 회개할 시간밖에 없습니다. 가인의 제사를 하였다가 다시 아벨의 제사로 돌아올 시간이 없습니다. 그 날에는 아벨의 제사를 드리는 거룩한 자만이 공중에서 주를 보게 될 것입니다.

9

오벧에돔의 복
가정교회의 복

"다윗이 궤를 옮겨 자기가 있는 다윗 성으로 메어들이지 못하고 그
대신 가드 사람 오벧에돔의 집으로 메어가니라" "하나님의 궤가 오
벧에돔의 집에서 그의 가족과 함께 석 달을 있으니라 여호와께서
오벧에돔의 집과 그의 모든 소유에 복을 내리셨더라" (역대상
13:13-14).

이스라엘 백성이 출애굽한지 3개월 즈음에 하나님이 십계명을 주
었습니다. 광야에서 예배드릴 성막의 디자인도 주었습니다. 이스라
엘 백성은 하나님이 준 설계도를 따라 성막을 만들었습니다. 광야에
서 장소를 옮길 때 마다 성막을 거두고 다시 설치하였습니다. 출애
굽기 25장 8절, 9절을 보겠습니다.

"내가 그들 중에 거할 성소를 그들이 나를 위하여 짓되" "무릇 내가 네게
보이는 모양대로 장막을 짓고 기구들도 그 모양을 따라 지을지니라" (출
25:8-9).

이 구절은 천으로 만든 장막이 하나님이 거하는 처소라고 말씀합

니다. 하나님은 원래 무소부재 하여 어디든지 계시는 분입니다. 그러나 출애굽한 이스라엘 백성들에게는 성막을 짓게 하여 그 곳을 하나님이 임재하는 곳으로 지정하였습니다. 그러므로 반드시 성막 안이나 앞에서만 하나님께 예배를 드릴 수 있었습니다.

성막 안에는 필요한 기구들도 많았습니다. 언약궤, 번제단, 등잔대, 진설병을 두는 상 등이 성막 안에 갖추어야 할 것들입니다. 이 기구들 중에서 하나님의 임재와 관련하여 가장 중요한 기구가 하나 있습니다. 그것은 언약궤입니다. 언약궤가 하나님의 임재와 관련하여 중요하다고 말씀하는 이유는 하나님은 그 언약궤 앞에서 이스라엘 백성에게 명령하기 때문입니다. 출애굽기 25장 22절을 보겠습니다.

"거기서 내가 너와 만나고 속죄소 위 곧 증거궤 위에 있는 두 그룹 사이에서 내가 이스라엘 자손을 위하여 네게 명령할 모든 일을 네게 이르리라" (출 25:22).

증거궤와 하나님의 언약궤는 같은 것입니다. 영어로는 "The Ark of the Covenant Law"라고 부릅니다. 하나님은 언약궤가 있는 곳에서 이스라엘 자손들에게 말씀합니다. 매년 대제사장이 지성소에 들어가서 여호와를 뵙는 이유도 그곳에 언약궤가 있기 때문입니다.

언약궤는 조각목에 금을 입혀서 만들었는데 길이는 약 110센티, 폭과 높이는 약 70센티의 크기입니다. 그 안에는 십계명을 적은 돌판과 아론의 싹 난 지팡이와 만나를 담은 금 항아리가 들어 있습니다. 히브리서 9장 4절을 보겠습니다.

"금 향로와 사면을 금으로 싼 언약궤가 있고 그 안에 만나를 담은 금 항아리와 아론의 싹난 지팡이와 언약의 돌판들이 있고" (히 9:4).

언약궤 안에 이 세 가지가 들어있는 이유는 각각의 다른 중요한 의미가 있기 때문입니다.

첫째, 십계명 돌 판이 들어 있는 이유는 하나님의 계명을 잘 지키라는 것입니다.

둘째, 아론의 싹 난 지팡이는 하나님의 말씀에 반역하지 말라는 의미입니다. 민수기 17장 10절을 보겠습니다.

"여호와께서 또 모세에게 이르시되 아론의 지팡이는 증거궤 앞으로 도로 가져다가 거기 간직하여 반역한 자에 대한 표징이 되게 하여 그들로 내게 대한 원망을 그치고 죽지 않게 할지니라" (민 17:10).

고라가 당을 지어 모세와 아론에게 반역하다가 많은 사람이 죽임 당하였습니다. 그 다음 날 다시 백성들이 모세와 아론을 대적하다가 전염병으로 만사천 명이 죽었습니다. 그 일 후에 하나님이 아론의 지팡이에 싹이 나게 하여 그가 지도자임을 증거하였습니다. 하나님의 말씀에 반역하지 말라는 의미로 그의 지팡이를 증거궤 안에 넣은 것입니다.

셋째, 만나가 든 금 항아리는 하나님이 주는 말씀을 먹고 살라는 의미입니다. 또한 말씀이 육신이 되어 오신 예수를 믿어야 영생한다는 의미이기도 합니다. 요한복음 6장 48절에서 51절까지를 보겠습니다.

"내가 곧 생명의 떡이니라" "너희 조상들은 광야에서 만나를 먹었어도 죽
었거니와" "이는 하늘에서 내려오는 떡이니 사람으로 하여금 먹고 죽지
아니하게 하는 것이니라" "나는 하늘에서 내려온 살아 있는 떡이니 사람
이 이 떡을 먹으면 영생하리라 내가 줄 떡은 곧 세상의 생명을 위한 내 살
이니라 하시니라" (요 6:48-51).

이 구절은 예수님이 스스로를 하늘에서 내려온 떡인 만나에 비유
하고 있습니다.

하나님의 언약궤 안에 보관한 이 세 가지가 갖고 있는 공통적인
의미는 하나님의 말씀에 순종하라는 것입니다. 하나님의 명령이 무
엇이든지 그대로 복종하고 거역하지 말라는 것입니다. 이것이 하나
님의 언약궤가 갖고 있는 의미입니다. 하나님이 언약궤 앞에서 말씀
하고 언약궤가 하나님의 임재의 상징이 되는 이유입니다.

그러므로 레위 사람들은 하나님의 언약궤 앞에서 섬기며 찬양하
였습니다. 제사장들은 항상 하나님의 언약궤 앞에서 나팔을 불었습
니다. 역대상 16장 4절과 6절을 보겠습니다.

"또 레위 사람을 세워 여호와의 궤 앞에서 섬기며 이스라엘 하나님 여호
와를 칭송하고 감사하며 찬양하게 하였으니" (역상 16:4).
"제사장 브나야와 야하시엘은 항상 하나님의 언약궤 앞에서 나팔을 부니
라" (역상 16:6).

하나님의 언약궤 앞에서 전쟁 여부를 물어본 이스라엘의 열한 지파는 베냐민 지파와의 전쟁에서 이겼습니다. 사사기 20장 27절, 28절을 보겠습니다.

"이스라엘 자손이 여호와께 물으니라 그 때에는 하나님의 언약궤가 거기 있고" "아론의 손자인 엘르아살의 아들 비느하스가 그 앞에 모시고 섰더라 이스라엘 자손들이 여쭈기를 우리가 다시 나아가 내 형제 베냐민 자손과 싸우리이까 말리이까 하니 여호와께서 이르시되 올라가라 내일은 내가 그를 네 손에 넘겨주리라 하시는지라" (삿 20:27-28).

그러나 하나님의 말씀을 거역하여 결국 왕의 자리에서 쫓겨난 사울은 하나님의 궤 앞에서 묻지 않았습니다. 역대상 13장 3절을 보겠습니다.

"우리가 우리 하나님의 궤를 우리에게로 옮겨오자 사울 때에는 우리가 궤 앞에서 묻지 아니하였느니라 하매" (역상 13:3).

이 구절은 다윗 왕이 한 말인데 여호와께 묻지 않은 사울처럼 망할 것이 염려되어 언약궤를 가져다가 그 앞에서 여호와께 묻고 행하려는 것입니다.

이스라엘은 전쟁 중에 하나님의 궤를 적에게 빼앗긴 적도 있습니다. 사무엘상 4장 10절, 11절을 보겠습니다.

"블레셋 사람들이 쳤더니 이스라엘이 패하여 각기 장막으로 도망하였고 살륙이 심히 커서 이스라엘 보병의 엎드러진 자가 삼만 명이었으며" "하나님의 궤는 빼앗겼고 엘리의 두 아들 홉니와 비느하스는 죽임을 당하였더라" (삼상 4:10-11).

이스라엘은 블레셋과의 첫 싸움에서 패하자 여호와의 언약궤를 진 중으로 가져오면 하나님이 전쟁에 승리하게 하실 것으로 믿었습니다. 그러나 오히려 전쟁에서 대패하고 언약궤도 블레셋에게 빼앗겼습니다.

이 때에 언약궤와 함께한 제사장은 엘리의 두 아들 홉니와 비느하스였습니다. 이 두 제사장은 하나님의 성물을 도둑질하고 성막 앞에서 간음을 행하던 자였습니다. 이러한 자가 제사장으로 언약궤 앞에 섰으니 복이 아니라 오히려 저주를 받은 것입니다.

하나님의 언약궤가 있는 곳에는 하나님의 임재가 있으므로 복을 받아야 하는데 반드시 그렇지만은 않습니다. 언약궤 앞에 서 있는 사람의 어떠함과 관계가 있습니다. 그 앞에 서 있는 자가 홉니와 비느하스 같은 거짓 제사장이면 저주를 받습니다.

이스라엘이 적에게 대패하여 엄청난 수의 사람이 죽는 저주를 받았습니다. 이스라엘의 사사이며 제사장인 엘리가 죽었고 그의 며느리도 아기를 낳으면서 죽었습니다. 같은 날에 아버지와 아들 둘과 며느리까지 죽은 것입니다.

그 며느리가 죽으면서 낳은 아이의 이름이 이가봇입니다. 그 이름의 뜻은 하나님의 영광이 이스라엘을 떠났다는 것입니다. 사무엘상

4장 21절을 보겠습니다.

> "이르기를 영광이 이스라엘에서 떠났다 하고 아이 이름을 이가봇이라 하
> 였으니 하나님의 궤가 빼앗겼고 그의 시아버지와 남편이 죽었기 때문이
> 며"(삼상 4:21).

거짓 주의 종으로 인한 저주가 온 백성에게 미칩니다. 이것을 현대
의 교회에 적용하면 거짓 목사의 저주가 온 교인들에게 미치는 것과
같습니다. 성물을 도둑질하고 간음한 목사를 두둔하는 사람이 있습
니다. 두둔하지는 않아도 계속 그 사람의 설교를 들으며 그 교회를
섬기는 사람이 있습니다.

그러한 교인들은 홉니와 비느하스 같은 거짓 종을 제사장으로 둔
이스라엘 백성이 전쟁 중에 죽은 것처럼 저주가 있을 것이라는 것을
명심해야 합니다. 그들에게는 하나님의 궤가 복이 되지 않고 저주가
됩니다. 그 교회 안에서 예배를 드리는 것이 복이 되지 않고 화가 된
다는 것입니다.

하나님의 궤를 블레셋에게 빼앗겨 하나님의 영광이 이스라엘을 떠
났다면 그 영광이 블레셋에게 갔겠습니까? 사무엘상 5장 2절에서 4
절까지를 보겠습니다.

> "블레셋 사람들이 하나님의 궤를 가지고 다곤의 신전에 들어가서 다곤 곁
> 에 두었더니""아스돗 사람들이 이튿날 일찍이 일어나 본즉 다곤이 여호
> 와의 궤 앞에서 엎드러져 그 얼굴이 땅에 닿았는지라 그들이 다곤을 일으

켜 다시 그 자리에 세웠더니""그 이튿날 아침에 그들이 일찍이 일어나 본 즉 다곤이 여호와의 궤 앞에서 또다시 엎드러져 얼굴이 땅에 닿았고 그 머리와 두 손목은 끊어져 문지방에 있고 다곤의 몸뚱이만 남았더라"(삼상 5:2-4).

하나님의 궤를 빼앗아 간 블레셋에게는 하나님의 저주가 임했습니다. 블레셋의 신 다곤의 신상이 부서졌습니다. 하나님의 궤가 있는 곳의 사람들이 죽거나 독한 종기가 나는 재앙을 당했습니다. 사무엘상 5장 6절, 7절과 11절, 12절을 보겠습니다.

"여호와의 손이 아스돗 사람에게 엄중히 더하사 독한 종기의 재앙으로 아스돗과 그 지역을 쳐서 망하게 하니""아스돗 사람들이 이를 보고 이르되 이스라엘 신의 궤를 우리와 함께 있지 못하게 할지라 그의 손이 우리와 우리 신 다곤을 친다 하고"(삼상 5:6-7).
"이에 사람을 보내어 블레셋 모든 방백을 모으고 이르되 이스라엘 신의 궤를 보내어 그 있던 곳으로 돌아가게 하고 우리와 우리 백성이 죽임 당함을 면하게 하자 하니 이는 온 성읍이 사망의 환난을 당함이라 거기서 하나님의 손이 엄중하시므로""죽지 아니한 사람들은 독한 종기로 치심을 당해 성읍의 부르짖음이 하늘에 사무쳤더라"(삼상 5:11-12).

블레셋 사람들도 하나님의 존재를 믿었습니다. 하나님이 홍해를 가르고 이스라엘을 구원한 신이라는 사실도 알고 있었습니다. 그러나 그 하나님은 이스라엘의 하나님이고 자신의 하나님은 아닌 것입니다. 이러한 사람들은 하나님의 궤가 복이 되지 못합니다.

현대에 적용하면 다른 종교를 가진 사람들, 예수님을 기독교의 신이라고 믿는 사람들, 종교에 상관없이 선하게 살면 천국에 갈 수 있다고 말하는 사람들이 블레셋 사람들에 해당하는 것입니다.

이들은 하나님의 임재가 있을 때에 복은 고사하고 고통을 받고 죽임 당합니다. 결국 지옥의 유황불에 떨어집니다. 이처럼 하나님의 궤가, 하나님의 임재가 어떤 사람에게는 복이 되고 어떤 사람에게는 저주가 됩니다.

블레셋 사람들이 하나님의 언약궤가 자신들에게 화를 가져다준다는 것을 깨닫고 이스라엘로 돌려보냈습니다. 그리하여 하나님의 궤는 이스라엘의 기럇여아림에 20년 동안 보관 되었습니다.

다윗이 통치할 때에 하나님의 궤 앞에서 묻기를 원하여 기럇여아림에서 궤를 옮기려 했습니다. 다윗과 이스라엘 백성들이 하나님의 궤를 실은 수레 앞에서 기쁘게 뛰놀고 찬양하며 궤를 싣고 올라왔습니다.

수레를 몰던 웃사가 손으로 궤를 만지므로 인해 그 자리에서 죽임당하였습니다. 다윗의 마음이 두렵고 상하여 하나님의 궤를 다윗성으로 옮기지 않았습니다. 역대상 13장 10절과 12절을 보겠습니다.

"웃사가 손을 펴서 궤를 붙듦으로 말미암아 여호와께서 진노하사 치시매 그가 거기 하나님 앞에서 죽으니라" (역상 13:10).
"그 날에 다윗이 하나님을 두려워하여 이르되 내가 어떻게 하나님의 궤를 내 곳으로 오게 하리요 하고" (역상 13:12).

그리하여 하나님의 궤는 가드 사람 오벧에돔의 집으로 가게 되었고 그 집이 복을 받았습니다. 본문 말씀을 다시 보겠습니다.

"다윗이 궤를 옮겨 자기가 있는 다윗 성으로 메어들이지 못하고 그 대신 가드 사람 오벧에돔의 집으로 메어가니라" "하나님의 궤가 오벧에돔의 집에서 그의 가족과 함께 석 달을 있으니라 여호와께서 오벧에돔의 집과 그의 모든 소유에 복을 내리셨더라" (역상 13:13-14).

하나님의 언약궤는 하나님의 존재이며 임재를 상징합니다. 그러므로 아무나 손을 대어도 안 되며 그 안을 볼 수도 없습니다. 운반할 때에도 레위 사람들이 막대기를 고리에 꿰어서 어깨에 메고 옮겨야 합니다. 수레에 실은 것도 잘못이고 사람이 손으로 만진 것도 잘못한 것입니다.

그러나 오벧에돔은 언약궤를 잘 모신 것이 분명합니다. 손을 대지도 않고 그 안을 들여다보지도 않고 거룩하게 잘 모셔 두었을 것입니다. 그러므로 그의 집과 모든 소유에 복을 받은 것입니다. 이 사람은 평소에도 신실하고 거룩하였을 것입니다. 하나님의 궤를 어떻게 모셔야 하는 지를 알고 있는 사람입니다.

여기에는 교훈이 있습니다. 하나님을 섬기되 바르게 섬겨야 한다는 것입니다. 거룩한 하나님의 임재 앞에서 모세는 신발을 벗어야 했습니다. 하나님의 얼굴을 보는 자는 죽는다고 했습니다. 하나님은 거룩하므로 거룩하지 않은 인간들이 그의 얼굴을 볼 수도 없고 만질 수도 없습니다.

그러나 하나님을 경외하는 다윗도 하나님의 궤를 모셔온다는 기쁨에 이러한 사실을 망각하였습니다. 그리하여 하나님의 궤를 수레에 싣는 실수를 하였습니다. 웃사는 엉겁결에 흔들리는 궤를 붙잡다가 화를 당하였습니다.

이처럼 하나님을 잘 섬긴다고 하여도 그 중에 복을 받는 자와 화를 당하는 자가 함께 있습니다. 다윗과 웃사가 화를 당하고 오벧에돔이 복을 받는 것을 보았습니다. 우리가 얼마나 잘 깨어 있어 하나님을 믿어야 하는지 교훈으로 삼아야 합니다.

오벧에돔에게 준 복의 내용을 살펴보겠습니다. 역대상 26장 4절, 5절을 보겠습니다.

"오벧에돔의 아들들은 맏아들 스마야와 둘째 여호사밧과 셋째 요아와 넷째 사갈과 다섯째 느다넬과"여섯째 암미엘과 일곱째 잇사갈과 여덟째 브울래대이니 이는 하나님이 오벧에돔에게 복을 주셨음이라"(역상 26:4-5).

이 구절은 오벧에돔의 여덟 아들이 성전의 문지기로 임명 받은 것을 말씀합니다. 세상 왕의 문지기도 권세가 대단하다면 하나님의 성전 문지기는 얼마나 더 큰 영광이겠습니까? 성경은 이러한 사실을 오벧에돔에게 복을 준 것이라고 말씀합니다.

오벧에돔이 받은 또 다른 복을 보겠습니다. 역대상 26장 8절을 보겠습니다.

"이는 다 오벧에돔의 자손이라 그들과 그의 아들들과 그의 형제들은 다 능력이 있어 그 직무를 잘하는 자이니 오벧에돔에게서 난 자가 육십이 명이며" (역상 26:8).

이 구절은 오벧에돔의 형제와 자손들이 직무를 잘 하는 능력이 있다고 합니다. 일의 능력을 가진 것도 복입니다. 고대에는 자손의 수가 많은 것을 큰 복으로 간주를 하였습니다. 자손이 무려 62명이나 되는 오벧에돔은 큰 복을 받은 것입니다.

본문에는 오벧에돔의 소유에 복을 주었다는 표현이 있습니다. 이것은 재물에 대한 복을 주었다는 의미입니다. 이상으로 오벧에돔이 받은 복을 다시 정리하면,

첫째, 자손들이 성전 문지기가 되는 복을 받았습니다. 다윗은 하나님의 성전 문지기가 되는 것이 좋겠다고 고백하였습니다. 시편 84장 10절을 보겠습니다.

"주의 궁정에서의 한 날이 다른 곳에서의 천 날보다 나은즉 악인의 장막에 사는 것보다 내 하나님의 성전 문지기로 있는 것이 좋사오니" (시 84:10).

이처럼 하나님을 사모하는 자는 성전의 문지기가 되는 것이 큰 영광입니다. 그런데 오벧에돔의 아들은 여덟 명이나 성전 문지기가 되었으니 참으로 큰 복을 받은 것입니다.

둘째, 오벧에돔의 자손들이 문지기 직무를 잘하는 능력의 복을 받

았습니다.

셋째, 자손이 번성하는 복을 받았습니다.

넷째, 재물에 복을 받았습니다.

이처럼 하나님의 궤가 있는 곳에는 복이 따릅니다. 또한 하나님의 궤가 있는 곳에는 하나님의 능력이 나타납니다. 하나님의 언약궤를 멘 제사장들이 요단강 물을 밟자 요단강 물이 갈라졌습니다. 여호수아 3장 13절을 보겠습니다.

"온 땅의 주 여호와의 궤를 멘 제사장들의 발바닥이 요단 물을 밟고 멈추면 요단 물 곧 위에서부터 흘러내리던 물이 끊어지고 한 곳에 쌓여 서리라"(수 3:13).

하나님의 언약궤를 메고 여리고 성을 돌며 소리지를 때에 여리고 성이 무너졌습니다. 여호수아 6장 6절과 20절을 보겠습니다.

"눈의 아들 여호수아가 제사장들을 불러 그들에게 이르되 너희는 언약궤를 메고 제사장 일곱은 양각 나팔 일곱을 잡고 여호와의 궤 앞에서 나아가라 하고"(수 6:6).

"이에 백성은 외치고 제사장들은 나팔을 불매 백성이 나팔 소리를 들을 때에 크게 소리 질러 외치니 성벽이 무너져 내린지라 백성이 각기 앞으로 나아가 그 성에 들어가서 그 성을 점령하고"(수 6:20).

이처럼 언약궤가 있는 곳은 하나님의 임재가 있는 곳이며 하나님의 능력이 나타납니다. 그리하여 하나님이 영광을 받습니다.

그 후에 하나님의 언약궤는 솔로몬이 지은 성전에 보관되었습니다. 요시야 왕의 때에 마지막으로 언급되고 그 후에는 성경에 나타나지 않습니다. 아마도 바벨론에 의해 성전의 기물이 탈취되고 불살라질 때에 없어졌는지 모릅니다. 아니면 하나님이 다른 곳에 보관하고 있을지도 모릅니다.

그리고 성경의 마지막 책인 요한계시록에 다시 하나님의 언약궤가 등장합니다. 요한계시록 11장 19절을 보겠습니다.

"이에 하늘에 있는 하나님의 성전이 열리니 성전 안에 하나님의 언약궤가 보이며 또 번개와 음성들과 우레와 지진과 큰 우박이 있더라" (계 11:19).

이 구절은 일곱째 나팔의 심판입니다. 천둥 번개가 치며 지진과 우박이 떨어지는 심판입니다. 요한은 하나님의 성전이 열리고 그 안에 하나님의 언약궤가 있는 것을 보았습니다. 이 장면은 언약궤가 있는 곳에 하나님이 임재하는 것을 보여줍니다. 땅에서 없어진 언약궤가 지금 천국에 있는 것을 예시하고 있습니다.

지금은 건물로 지은 성전도 없고 언약궤도 없습니다. 하나님 임재의 상징적인 곳이 존재하지 않습니다. 온 땅이 하나님의 발등상에 불과하다면 건물로 지은 곳에 하나님은 거처할 수 없습니다.

지금은 하나님이 성령으로 임재합니다. 어느 곳이든지 누구에게든지 임재합니다. 특별히 자신의 이름으로 두세 사람이 모인 곳에 함께 합니다. 하나님의 음성을 듣고 순종하는 자들의 모임 가운데 함께 합니다. 이 모임이 바로 교회입니다.

이러한 거룩한 모임이 가정에서 이루어진다면 그곳이 하나님이 임재하는 곳입니다. 그 가정이 하나님의 언약궤가 있는 곳입니다. 그 가정은 오벧에돔의 복을 받게 될 것입니다. 그곳에 모이는 모든 성도들도 복을 받을 것입니다. 그 복의 첫째는 하나님의 전의 문지기가 되는 복입니다. 구원받아 천국가는 복입니다.

그러나 건물을 교회로 여기는 곳에는 하나님이 임재하지 않습니다. 교회 건물을 성전이라고 부른다고 하나님이 임재하지 않습니다. 그러한 곳은 오히려 블레셋 사람이나 웃사처럼 화를 당할 장소가 될지 모릅니다. 입으로만 예수를 믿는 사람은 하나님의 임재 앞에서 화를 당합니다.

그러나 마음과 목숨과 뜻을 다하여 하나님을 사랑하는 사람들이 모이면 하나님의 임재는 복이 됩니다. 하나님의 음성을 듣고 순종하는 자들의 모임은 하나님의 임재 앞에서 복을 받습니다.

근래에 많은 믿는 자들이 하나님의 임재가 없는 건물로 지은 교회를 떠나고 있습니다. 자신의 집을 교회로 드리고 있습니다. 이러한 가정교회들에게 오벧에돔의 복이 있을 것입니다. 여러분 모두 하나님이 임재하는 거룩한 교회를 이루어 천국에서 성전 문지기가 되는 복을 받기를 예수 그리스도의 이름으로 축복합니다.

IV
심판 받는 자

10
심판 받는 일곱 부류

"내가 심판하러 너희에게 임할 것이라 점치는 자에게와 간음하는 자에게와 거짓 맹세하는 자에게와 품꾼의 삯에 대하여 억울하게 하며 과부와 고아를 압제하며 나그네를 억울하게 하며 나를 경외하지 아니하는 자들에게 속히 증언하리라 만군의 여호와가 말하였느니라" (말라기 3:5).

세상은 법으로 죄와 벌을 정합니다. 그리고 그 법을 기준으로 판결합니다. 현대에는 법의 종류와 내용이 고대에 비하여 훨씬 다양합니다. 법을 제정하고 판결하는 과정에 종사하는 사람들도 많아졌고 전문화 되었습니다. 법을 바르게 해석하고 적용하여 공정한 판결이 이루어지도록 하는 제도가 발달되었습니다.

하나님도 죄와 벌을 법으로 정해 놓고 판결합니다. 하나님의 법은 세상법에 비하여 매우 단순합니다. 법 조항의 수도 비교가 되지 않을 정도로 적습니다. 세상법은 아마도 수십 권의 책으로 이루어져 있을 것입니다. 판례와 조례까지 모두 합하면 수백 권이 넘을 지도 모릅니다.

하나님의 법은 두 권으로 되어 있습니다. 그것은 구약 성경과 신약 성경입니다. 법을 해석하거나 적용하는 것이 별로 어렵지도 않습니다. 누구든지 법에 대한 충분한 지식을 가질 수 있고 그 법을 잘 지킬 수 있습니다.

하나님의 법은 기본적으로 열 가지로 이루어져 있고 그것에서 파생된 세부적인 여러가지 법들이 있습니다. 이 법들은 크게 두 가지의 법으로 함축됩니다. 마태복음 22장 37절에서 40절까지를 보겠습니다.

> "예수께서 이르시되 네 마음을 다하고 목숨을 다하고 뜻을 다하여 주 너의 하나님을 사랑하라 하셨으니" "이것이 크고 첫째 되는 계명이요" "둘째도 그와 같으니 네 이웃을 네 자신 같이 사랑하라 하셨으니" "이 두 계명이 온 율법과 선지자의 강령이니라" (마 22:37-40).

하나님의 법은 하나님을 사랑하는 것과 이웃을 사랑하는 것으로 귀결이 됩니다. 이 두 계명이 온 율법과 선지자의 강령입니다.

하나님의 법은 해야 하는 것과 하지 말아야 하는 것으로 구분됩니다. 하라는 것은 모두 해야 하고 하지 말라고 하는 것은 하나도 하지 않아야 합니다. 이것을 어기면 죄이고 정해진 벌을 받게 됩니다. 법조항의 수는 그리 많지 않으며 적용하는 것도 매우 단순합니다. 성경을 몇 번 읽기만 하면 누구든지 하나님의 법에 대한 전문가가 될 수 있습니다.

세상의 법은 헌법이라는 가장 상위의 법이 있고 그 아래에 여러 종류의 하위 법들이 있습니다. 세상의 법도 하나님의 법과 같은 원리로 작동합니다. 법을 어기면 정해진 벌을 받습니다. 세상의 법과 하나님의 법이 작동하는 원리는 같지만 여러 면에서 다릅니다. 그 다른 점

들을 살펴보겠습니다.

첫째, 세상의 법에는 하나님을 사랑하라는 조항이 없습니다. 이웃을 사랑하라는 법에 한정되어 있습니다. 이것이 하나님의 법과 세상 법의 가장 기본적이고 큰 차이입니다.

둘째, 죄의 기준이 다릅니다. 하나님의 법으로는 사형에 처할 죄인데 세상에서는 죄가 되지 않습니다. 이러한 죄들 중에 가장 대표적인 죄가 하나님 외의 다른 신을 섬기는 것입니다.

반대로 하나님의 법으로는 죄가 아닌데 세상에서는 죄가 되는 법이 있습니다. 이러한 법 중의 하나가 결혼에 관한 법입니다. 하나님의 법은 남자가 아내를 둘 이상 둘 수 있습니다. 그러나 대부분의 세상 법은 아내를 한 명만 취할 수 있도록 되어 있습니다.

또 다른 예는 돈을 갚는 법에 관한 것입니다. 하나님의 법은 돈을 빌린 지 칠년이 넘어 면제년이 오면 돈을 갚지 않아도 됩니다. 채권자는 남아있는 빚을 탕감해주어야 합니다. 그러나 세상법은 칠년 후의 면제년이 되어도 돈을 갚지 않으면 죄가 됩니다.

셋째, 세상의 법은 검사가 기소를 하고 판사가 판결을 하지만 하나님의 법은 마귀가 기소하고 하나님이 판결합니다.

넷째, 세상의 법은 당사자가 살았을 때에 판결하지만 하나님의 법은 당사자가 죽었을 때에 최종 판결합니다.

다섯째, 세상 법은 범죄 혐의자가 살아 있을 동안만 유효하지만 하나님의 법은 죄인이 죽어도 그 효력이 유효합니다.

여섯째, 세상 법은 형량의 길이가 죄목 별로 다르지만 하나님의 법은 형량의 길이가 모두 무기 징역으로 동일합니다.

일곱째, 세상의 법은 죄수를 세상으로부터 분리하고 감옥 안에서 교화를 시키는 방법으로 형을 집행하지만 하나님의 법은 일단 죄수로 확정이 되면 무기한으로 고통을 주는 방식으로 형이 집행됩니다.

이상으로 세상의 법과 하나님의 법의 차이점에 대하여 살펴보았습니다. 기본적으로 믿는 사람들은 하나님의 법과 세상법을 모두 지켜야합니다. 그러나 세상법이 하나님의 법을 어긴다면 그 법은 지키지 않아도 됩니다. 더 정확하게 표현하면 지키지 않아야 합니다. 예를 들어 복음 전하는 것을 세상의 법이 금한다면 이 법은 지키지 않아야 합니다. 다만 잡혀 가서 고초를 당하지 않도록 은밀하게 복음을 전하는 지혜가 필요할 것입니다.

성경은 세상의 모든 권세에게 순종하라고 가르칩니다. 로마서 13장 1절, 2절을 보겠습니다.

"각 사람은 위에 있는 권세들에게 복종하라 권세는 하나님으로부터 나지 않음이 없나니 모든 권세는 다 하나님께서 정하신 바라" "그러므로 권세를 거스르는 자는 하나님의 명을 거스름이니 거스르는 자들은 심판을 자취하리라" (롬 13:1-2).

모든 권세가 다 하나님께서 정한 것입니다. 여기에는 악한 권세도 포함됩니다. 악한 권세의 명령에 따라야 하는 이유는 그렇지 않을 경우에 화를 당하기 때문입니다. 심판을 피하기 위하여 권세들에게 순종하라는 것입니다.

디모데전서 2장 1절, 2절을 보겠습니다.

"그러므로 내가 첫째로 권하노니 모든 사람을 위하여 간구와 기도와 도고와 감사를 하되" "임금들과 높은 지위에 있는 모든 사람을 위하여 하라 이는 우리가 모든 경건과 단정함으로 고요하고 평안한 생활을 하려 함이라" (딤전 2:1-2).

권세들을 위하여 중보기도와 감사기도를 해야 합니다. 이 당시의 권세들은 로마 제국의 통치자들입니다. 이스라엘을 불법으로 점령한 자들입니다. 이스라엘에게는 악을 행하고 있는 자들입니다. 그럼에도 불구하고 권세자들을 위하여 기도하라고 합니다. 왜냐하면 그렇게 할 때에 백성들이 평안하게 살 수 있기 때문입니다.

하나님의 말씀에 어긋나지 않는 한 세상 권위에 순종하여야 합니다. 예를 들면 미사일 방어시스템인 사드를 한국 영토 안에 배치하는 문제는 대통령이나 세상의 권세들이 정하는 대로 따르면 됩니다. 정부가 사드 배치를 하지 않는다고 항의를 할 이유도 없고 하여서는 안 됩니다.

문재인 정권이 빨갱이들이고 중국 빨갱이들과 친하게 지내려고 사드 배치를 꺼려하는 것은 사실이지만 믿는 자들이 관여할 문제는 아닙니다. 사드 배치를 촉구하는 데모를 하다가 잡혀 가서 곤혹을 치르지 말라는 것입니다.

동성연애, 동성결혼에 관한 예를 들어보겠습니다. 요즈음에 국회나 정부에서 동성결혼을 합법화 하려는 조짐이 있습니다. 박원순 전 서울 시장은 서울을 아시아에서 가장 동성연애를 옹호하는 시로 만들 것이라고 공언하였습니다.

동성연애는 죄입니다. 그것도 하나님이 매우 가증하게 여기는 죄 중에 하나입니다. 소돔과 고모라 사람들이 이 죄로 유황불에 타 죽었습니다. 그럼에도 불구하고 세상은 동성 간에 사랑하고 결혼하는 것이 하나의 트렌드가 되었습니다.

대한민국도 그 흐름을 따라 동성연애자들에게 반감을 갖지 않고 그들을 부도덕하게 여기지 않습니다. 그러나 동성연애는 새로운 문화도 아니고 성적 취향의 문제도 아닙니다. 동성연애는 죄입니다.

믿는 자들은 동성연애가 죄라는 사실을 알려야 합니다. 동성연애자에게 죄를 멈추라고 말할 수 있어야 합니다. 그렇다고 국회나 정부에서 동성결혼을 인정하는 법을 제정하려 할 때에 저항하지는 않아야 합니다. 그렇게 하는 것은 옳지 않습니다. 조금 전에 언급하였듯이 악한 법을 만드는 권세자에게도 순종해야 합니다.

여러분이 동성연애 법과 관련하여 할 수 있는 것은 기회가 있을 때에 동성연애가 죄라는 것을 말하고 목사는 강단에서 설교하면 됩니다. 동성연애 반대 데모나 청원운동을 하지 마십시오. 악한 권세가 법을 만들려고 하면 어쩔 수 없습니다. 이러한 자들에 대한 심판은 하나님께 맡겨 두는 것입니다.

성경 말씀에 어긋나는 일을 하도록 강요할 때에는 순종하지 않되 그 외의 세상법은 악한 법이라도 따르십시오. 인권과 언론과 집회의 자유를 제한하는 법에는 순종하고 따르십시오. 법을 제정하는 일에 저항하지 마십시오. 그것은 권세들의 몫입니다. 권세에게 저항하면 평안한 삶을 누리지 못합니다.

하나님은 구약의 마지막 책인 말라기에서 마지막 때에 대한 예언들을 하였습니다. 인간들이 하나님과의 언약을 깨어버렸으므로 심판한다는 것입니다. 말라기 4장 끝 부분에는 모세에게 준 계명을 기억할 것과 선지자 엘리야를 보내어 죄에서 돌이키게 하겠다고 예언하였습니다.

사람이 짓는 죄의 종류가 많지만 본문 말씀인 말라기 3장 5절에는 특별히 일곱 가지의 죄에 대하여 말씀합니다. 그 죄의 종류를 하나씩 살펴보면서 여러분에게는 그러한 죄가 없는지 반영해보겠습니다.

첫째, 점치는 자의 죄입니다. 하나님을 믿던 이스라엘 백성도 이 죄로 벌을 많이 받았습니다. 이스라엘의 첫 왕이었던 사울은 점쟁이들을 모두 죽이라는 명령을 한 적이 있지만 그 후에 자신은 신접한 자를 찾아가서 물었습니다.

왕이 점치는 자를 찾았다면 그 백성들은 말 할 것도 없을 것입니다. 이스라엘은 점치는 일이 일상화 되었던 것입니다. 그리하여 하나님은 점치는 자를 심판하겠다고 가장 먼저 말씀하였습니다.

예수를 믿는 자들 중에도 사주 팔자를 믿고 점을 보러 가는 사람들이 있습니다. 미국에 있는 어느 점쟁이는 가끔 목사들이 교회 자리를 물으려고 자신을 찾아온다고 합니다. 믿을 수 없는 말이었지만 나중에 세상에 거짓 목사들이 많다는 것을 깨달은 후에는 그럴 수도 있겠다는 생각이 들었습니다. 점친 적이 있는 분들은 회개하십시오. 하나님은 점치는 자를 심판합니다.

둘째, 간음한 자의 죄입니다. 이 죄는 하나님이 주신 좋은 기쁨의 본능을 잘못 사용하는 죄입니다. 성적인 욕구는 배고플 때 음식을 먹고 싶은 것과 같은 생리적인 현상이며 당연한 것입니다. 그러나 이

욕구를 채우는 것은 오직 부부에게만 허락하였습니다.

그리고 성적인 욕구는 식욕과 달리 오래 동안 충족되지 않아도 건강이나 생명에 지장이 없습니다. 그리고 인간은 그것을 절제할 수 있도록 지어졌습니다. 그러나 많은 인간들이 이러한 욕구를 절제하지 못하여 죄를 범합니다.

청년의 때에 이러한 죄를 짓지 않기 위하여는 결혼을 빨리 하는 편이 좋습니다. 또한 결혼을 한 사람들이 이러한 죄에 빠지지 않기 위하여는 하나님에 대한 신실한 믿음과 배우자를 진정으로 사랑하고 존중하는 마음이 있어야 합니다. 그렇지 못하면 간음죄의 유혹에 빠지기 쉽습니다.

간음죄는 아무도 모르게 은밀하게 행합니다. 그러나 사람은 알지 못하여도 하나님은 모두 보고 있습니다. 이러한 죄를 지은 사람은 회개하되 배우자가 있을 때에 행한 죄라면 배우자에게도 고백하고 용서를 구해야 합니다.

이렇게 하는 것은 용기가 필요하지만 부부 관계가 궁극적으로 더 좋게 회복되는 복이 있을 것입니다. 나는 그러한 열매를 목격한 적이 있습니다. 처음에는 불편하였지만 시간이 흐르면서 회복이 되었는데 그 이유는 회개함으로써 부부사이에 역사하던 마귀가 떠났기 때문입니다.

죄는 하나님 앞에서만 고백하는 것이 아닙니다. 자신의 죄로 인해 피해를 당한 당사자에게도 사죄를 해야 합니다. 부부가 이러한 문제를 숨기고 넘어가면 집안에 화평도 없고 죄가 계속 진행될 수 있습니다. 결국에는 부부 모두 사망에 이를 수 있습니다. 그러니 부부가 피

차에 서로의 죄를 고백해야 합니다. 하나님은 간음하는 자를 심판합니다.

셋째, 거짓 맹세한 자의 죄입니다. 거짓 맹세란 맹세를 하고 그대로 이행하지 않은 것입니다. 거짓 맹세는 처음부터 의도적으로 할 수도 있고 진심으로 한 맹세였지만 그 맹세를 지키지 못한 경우도 있습니다. 어느 경우이든지 지키지 않으면 죄가 됩니다.

이 죄는 세상의 죄에 비유를 하면 계약을 이행하지 않은 사기죄에 해당됩니다. 계약대로 이행하지 않은 사람은 벌을 받게 됩니다. 의도적으로 속였든지 부득불 지키지 못했든지 상관없이 죄값을 치러야 합니다.

여호수아는 기브온 사람들을 죽이지 않고 종으로 삼겠다고 맹세하였습니다. 그리고 그 약속은 수백 년간 잘 지켜졌습니다. 그러나 사울 왕은 그 약속을 깨고 기브온 사람들을 죽였습니다. 이 약속은 사울이 직접 한 것은 아니었습니다. 그러나 하나님 앞에서 이스라엘 민족과 기브온 족속 간에 한 약속이므로 대대로 지켜야 하는 것입니다. 이 약속을 깬 사울 때문에 다윗 왕 때에 이스라엘이 삼 년 반 동안 가뭄의 벌을 받았습니다.

예수님은 맹세하지 말라고 가르쳤습니다. 연약한 인생들이 맹세를 잘 지키지 못하는 것을 알기 때문에 그렇게 가르친 것입니다. 그러니 여러분도 가능한 약속을 하지 않는 것이 지혜로운 것입니다. 그러나 약속을 하였다면 반드시 이행하여야 합니다. 하나님과의 약속이든 인간과의 약속이든 이미 한 약속은 지키십시오. 하나님은 거짓 맹세한 자를 심판합니다.

넷째, 품꾼의 삯을 속인 자의 죄입니다. 품꾼이란 하루 벌어 하루를 사는 사람입니다. 이들은 사는 형편이 매우 어려운 사람들입니다. 하나님은 이러한 사람들을 긍휼히 여깁니다. 품꾼들에게 돈을 주는 사람들은 상대적으로 품꾼들보다 부유한 사람들입니다.

이처럼 부유한 자가 가난한 자를 속여 정해진 임금을 주지 않는 것은 악한 죄입니다. 이들은 아마도 부당한 이유를 들어 약속한 금액을 지불하지 않을 수도 있습니다. 일한 삯으로 쌀 한 되를 주기로 하였는데 저울의 눈금을 속여서 적게 줄 수도 있습니다. 아니면 강압적으로 이유도 없이 약속을 지키지 않을 수도 있습니다.

이러한 죄가 일곱 가지 죄 중에 포함된 것은 속이는 죄가 작지 않기 때문이기도 하지만 특별히 하나님이 가난한 자를 긍휼히 여기는 마음이 크기 때문입니다. 1960년대와 1970년대의 한국에 이러한 죄를 지은 자들이 종종 신문 기사에 등장하였습니다.

사장은 재산을 쌓아 놓고 직원들에게는 월급을 정한대로 주지 않은 일들이 흔히 있었습니다. 이러한 일들이 하나님이 보기에 사소한 일이 아닙니다. 법에 정한대로 오버타임 수당을 주지 않는 것도 삯을 속이는 죄입니다. 하나님은 품꾼의 삯을 속이는 자를 심판합니다.

다섯째, 고아와 과부를 압제한 자의 죄입니다. 고아는 가장 불쌍한 아이들입니다. 부모가 없으므로 가난할 수 밖에 없고 부모의 사랑과 보살핌을 받을 수 없으니 참으로 가련합니다.

또한 고대의 남편이 없는 과부는 사회적 경제적으로 보호받기가 어려운 환경이었습니다. 사회활동도 제한이 있고 농사를 지어도 노동력이 남자에게 못 미치므로 가난할 수 밖에 없습니다.

이러한 고아들과 과부들을 멸시하고 압제한 자들의 죄가 작지 않습니다. 도움이 필요한 상황에 처한 사람들을 이익의 수단으로 삼거나 압제하지 않아야 하겠습니다. 하나님은 고아와 과부를 압제하는 자들을 심판합니다.

여섯째, 나그네를 억울하게 한 자의 죄입니다. 고대에는 전쟁이나 기근을 피하여 멀리 여행하는 사람들이 있었습니다. 상인들도 물건을 팔기 위하여 장거리 여행을 하는 경우가 있었습니다. 고대에는 교통 수단과 숙박시설이 현대와 같지 않았습니다. 그러므로 여행 중에 사람들의 도움을 받아야 했습니다. 잠을 잘 곳을 제공받고 음식도 얻어 먹어야 했습니다.

그런데 이러한 여행자 또는 나그네가 처한 딱한 상황을 이용하여 나그네들을 억울하게 하는 자들이 있었습니다. 고대에는 아무 대가를 받지 않고 나그네에게 숙식을 제공하는 것이 관습입니다. 그럼에도 과도한 대가를 요구를 하는 자들이 있었습니다. 이들은 나그네를 억울하게 하는 것입니다.

현대에는 이러한 나그네는 거의 없습니다. 그러므로 현대에는 자신의 친인척 중에 도움이 필요한 사람을 돕지 않는 사람들이 이에 해당하는 것으로 이해하면 적절합니다. 어떤 사람은 자신의 친인척의 삶이 성실하지 못하여 곤경에 처한 것이라고 비판하면서 돕지 않습니다.

이것은 잘못 된 생각입니다. 그들의 삶에 허물이 있어 그러한 어려움에 처했을지라도 도와주어야 합니다. 이러한 사람을 돕지 않는 것은 나그네를 억울하게 하는 것입니다. 하나님은 나그네를 억울하게 한 자를 심판합니다.

일곱째, 하나님을 경외하지 않은 자의 죄입니다. 이 죄의 적용은 광범위합니다. 모든 죄가 하나님을 진정으로 경외하지 않음으로 인해 짓게 됩니다. 아이들도 부모나 선생이 회초리를 들고 무섭게 하면 말을 잘 듣습니다. 그러나 징계하지 않으면 자녀나 학생들이 말을 듣지 않습니다.

마찬가지로 하나님에 대한 두려움이 없을 때에 인간은 죄를 짓습니다. 하나님을 두려워하지 않는 자체가 죄이지만 또한 많은 죄가 이 죄에서 파생됩니다. 하나님은 자신을 경외하지 않는 자를 심판합니다.

믿는 자들도 죄를 세상법과 혼동하여 가늠합니다. 세상은 점치는 것을 죄로 여기지 않습니다. 그러니 믿는 자들도 점을 칩니다. 미국과 한국에는 간통죄가 없습니다. 그러니 믿는 자들도 간통을 합니다. 세상은 말로만 한 약속은 지키지 않아도 죄가 되지 않습니다. 그러니 믿는 자들도 약속을 지키지 않습니다.

세상은 가난한 자를 돕지 않는 것을 죄로 여기지 않습니다. 그러니 믿는 자들도 가난한 자를 돕지 않습니다. 세상은 하나님을 경외하지 않는 것이 아무 죄가 되지 않습니다. 그러므로 믿는 자들도 하나님을 경외하지 않습니다.

그러나 죄를 죄로 여기지 않고 사는 사람들이 구원받을 수 없을 것입니다. 죄를 회개하지 않고 구원받을 사람은 없습니다. 이 모든 죄를 여러분에게 반영해보십시오. 예수를 믿지 않았던 시절까지 더듬어 일곱 가지의 죄를 찾아보십시오. 그리고 회개하십시오.

이 말씀을 하나님의 음성으로 듣고 순종하는 모든 사람들을 지금
오고 계신 우리 주 예수 그리스도의 이름으로 축복합니다.

11
교회 안의 가라지들

"예수께서 그들 앞에 또 비유를 들어 이르시되 천국은 좋은 씨를 제
밭에 뿌린 사람과 같으니" "사람들이 잘 때에 그 원수가 와서 곡식
가운데 가라지를 덧뿌리고 갔더니" "싹이 나고 결실할 때에 가라지
도 보이거늘" "집 주인의 종들이 와서 말하되 주여 밭에 좋은 씨를
뿌리지 아니하였나이까 그런데 가라지가 어디서 생겼나이까" "주인
이 이르되 원수가 이렇게 하였구나 종들이 말하되 그러면 우리가 가
서 이것을 뽑기를 원하시나이까" "주인이 이르되 가만 두라 가라지
를 뽑다가 곡식까지 뽑을까 염려하노라" "둘 다 추수 때까지 함께
자라게 두라 추수 때에 내가 추수꾼들에게 말하기를 가라지는 먼저
거두어 불사르게 단으로 묶고 곡식은 모아 내 곳간에 넣으라 하리
라" (마태복음 13:24-30).

사람을 곡식과 가라지로 비유한 본문 말씀을 읽을 때에 두 가지
의문이 생깁니다. 하나는 가라지를 발견하였음에도 즉시로 뽑지 말
라고 한 것입니다. 가라지는 다른 말로 잡초입니다. 잡초는 보이면
즉시로 뽑아 버리는 것이 좋을 것인데 추수할 때까지 자라게 두라고
하였습니다.

다른 한 가지는 가라지를 뽑을 때에 곡식까지 뽑을까 염려된다는
표현입니다. 농부들이 곡식과 가라지를 구분하지 못하고 잘 못 뽑지
는 않을 것입니다. 그러나 서로 얽혀 있어 곡식과 함께 뽑는 실수를

할 수는 있습니다. 그러므로 농부들도 실제로 추수할 때까지 가라지를 뽑지 않고 버려 둔다고 합니다.

이러한 자연 현상을 비유하여 주님이 가르치려는 교훈이 무엇인지를 상고해 보겠습니다. 우선 무엇을 가라지로 비유하는지 마태복음 13장 38절, 39절을 보겠습니다.

"밭은 세상이요 좋은 씨는 천국의 아들들이요 가라지는 악한 자의 아들들이요" "가라지를 뿌린 원수는 마귀요 추수 때는 세상 끝이요 추수꾼은 천사들이니" (마 13:38-39).

가라지는 악한 자의 아들들이고 가라지를 뿌린 자는 마귀라고 합니다. 가라지는 마귀의 자식들을 비유한 것입니다. 그렇다면 성경은 어떤 자들을 마귀의 자식이라고 하는지 살펴보겠습니다.

첫째, 예수 믿는 것을 훼방하는 자를 마귀의 자식이라고 합니다. 사도행전 13장 8절에서 10절까지를 보겠습니다.

"이 마술사 엘루마는(이 이름을 번역하면 마술사라) 그들을 대적하여 총독으로 믿지 못하게 힘쓰니" "바울이라고 하는 사울이 성령이 충만하여 그를 주목하고" "이르되 모든 거짓과 악행이 가득한 자요 마귀의 자식이요 모든 의의 원수여 주의 바른 길을 굽게 하기를 그치지 아니하겠느냐" (행 13:8-10).

사도 바울이 서기오 바울이라는 총독을 전도하는데 마술사 엘루

마가 방해를 하였습니다. 그러자 바울이 이 자를 마귀의 자식이라며 저주하였습니다. 이처럼 하나님의 일을 훼방하는 자를 성경은 마귀의 자식이라고 부릅니다.

둘째, 거역하며 회개하지 않는 자를 마귀의 올무에 걸린 자라고 합니다. 디모데후서 2장 25절, 26절을 보겠습니다.

> "거역하는 자를 온유함으로 훈계할지니 혹 하나님이 그들에게 회개함을 주사 진리를 알게 하실까 하며" "그들로 깨어 마귀의 올무에서 벗어나 하나님께 사로잡힌 바 되어 그 뜻을 따르게 하실까 함이라" (딤후 2:25-26).

셋째, 죄를 짓는 자를 마귀에 속한 자라고 말씀합니다. 요한일서 3장 8절을 보겠습니다.

> "죄를 짓는 자는 마귀에게 속하나니 마귀는 처음부터 범죄함이라 하나님의 아들이 나타나신 것은 마귀의 일을 멸하려 하심이라" (요일 3:8).

넷째, 의를 행하지 않고 형제를 사랑하지 않는 자를 마귀의 자녀들이라고 합니다. 요한일서 3장 10절을 보겠습니다.

> "이러므로 하나님의 자녀들과 마귀의 자녀들이 드러나나니 무릇 의를 행하지 아니하는 자나 또는 그 형제를 사랑하지 아니하는 자는 하나님께 속하지 아니하니라" (요일 3:10).

다섯째, 진리의 말씀을 믿지 않는 자들을 마귀에게서 난 자라고 말씀합니다. 요한복음 8장 44절, 45절을 보겠습니다.

"너희는 너희 아비 마귀에게서 났으니 너희 아비의 욕심대로 너희도 행하고자 하느니라 그는 처음부터 살인한 자요 진리가 그 속에 없으므로 진리에 서지 못하고 거짓을 말할 때마다 제 것으로 말하나니 이는 그가 거짓말쟁이요 거짓의 아비가 되었음이라" "내가 진리를 말하므로 너희가 나를 믿지 아니하는도다" (요 8:44-45).

이 구절에서 너희는 바리새인들과 서기관들로 지금의 목사와 성경 교사에 해당하는 사람들입니다. 거짓 목사들이 마귀의 자식입니다.

다시 정리하면 마귀의 자식은 하나님의 일을 훼방하고 거역하는 자입니다. 죄를 짓는 자입니다. 의를 행하지 않고 형제를 사랑하지 않는 자입니다. 진리를 모르는 거짓 목사들입니다. 하나님을 믿지 않는 모든 사람들은 물론 하나님을 믿음에도 의롭지 않고 계명을 지키지 않는 모든 자들이 포함됩니다.

본문 말씀은 이러한 자들을 가라지로 비유합니다. 논밭에 가라지가 발견되면 즉시로 뽑아버리는 것이 좋습니다. 왜냐하면 곡식에게 가야 할 영양분을 빼앗아 가면 곡식의 열매가 부실하게 되기 때문입니다. 그러나 인간 잡초들은 발견되더라도 추수할 때까지 그대로 두라고 합니다.

가라지를 뽑아버리는 것은 심판을 의미합니다. 가라지를 즉시 뽑지 않고 추수할 때까지 버려 두는 것은 심판을 미룬다는 뜻입니다. 그렇다면 가라지를 위하여 심판을 미루는 것이겠습니까? 그렇지 않습니다. 아직 알이 차지 않은 곡식을 위하여 심판을 미루는 것입니다.

왜냐하면 지금 심판하면 알이 아직 여물지 않은 곡식들도 쭉정이로 간주되어 불에 던져질 위험이 있기 때문입니다. 교회 안의 쭉정이들에게 회개할 기회와 시간을 주기 위하여 추수할 때까지 가라지도 뽑지 않는 것입니다. 아직 구원에 이를 만한 믿음이 없는 사람을 구원에 이르도록 자라게 하려고 추수의 때까지 기다리는 것입니다.

마지막 때를 사는 여러분에게는 두 가지 다른 추수의 때가 있습니다. 하나는 세상 끝에 휴거가 있을 때입니다. 다른 하나는 여러분의 생명이 끝날 때입니다. 지금은 마지막 때 중에서도 끝자락에 있으니 여러분이 어떠한 추수의 때를 먼저 맞게 될지 아무도 모릅니다.

교회 안에는 가라지와 덜 익은 곡식과 알이 찬 곡식의 세 부류가 존재합니다. 가라지는 죄 중에 있으면서 회개하여 돌이키지 않는 자들, 스스로 구원을 받았다고 믿지만 거룩하지 않은 삶을 오랫동안 살고 있는 교인들입니다.

덜 익은 곡식은 아직 구원에 이를 만한 믿음은 없으나 믿음이 자라고 구원의 기회가 있는 교인들입니다. 알이 찬 곡식은 회개하고 거듭난 성도들입니다. 이들 중에서 언제 추수를 하든지 곳간에 들어갈 수 있는 것은 알곡밖에 없습니다.

그리고 이들 중에 구분이 어려운 것이 있습니다. 그것은 가라지와 덜 익은 곡식입니다. 이 둘은 겉보기에는 비슷하지만 실제로는 큰 차이가 있습니다. 가라지는 결코 곡식이 될 수 없지만 쭉정이는 그래도 곡식이라는 것입니다. 쭉정이도 끝까지 열매를 맺지 못하면 결국 가라지와 같이 불 속에 던져지겠지만 알곡이 될 가능성이 있다는 면에서 쭉정이는 가라지와 다릅니다.

가라지는 결코 곡식이 될 수 없다는 것은 회개하여 다시 돌이킬 수 없다는 의미입니다. 히브리서 6장 4절에서 6절까지를 보겠습니다.

"한 번 빛을 받고 하늘의 은사를 맛보고 성령에 참여한 바 되고" "하나님의 선한 말씀과 내세의 능력을 맛보고도" "타락한 자들은 다시 새롭게 하여 회개하게 할 수 없나니 이는 그들이 하나님의 아들을 다시 십자가에 못 박아 드러내 놓고 욕되게 함이라"(히 6:4-6).

이들은 한 때 성령을 받고 거룩해진 사람들인데 다시 죄 중에 빠진 자들입니다. 교인들 중에 이러한 사람들이 있으며 이에 해당하는 또 다른 대표적인 사람들이 거짓 목사들입니다. 예수님 당시에는 서기관과 바리새인들이 이에 해당하는 자들인데 예수님은 이들을 화 있을 것이라고 일곱 번이나 저주하였습니다.

이러한 자들은 가라지입니다. 이들은 마지막 심판의 때에 또는 이들의 생명이 끝날 때에 심판을 받습니다. 이들 앞에는 오직 하나님의 맹렬한 심판 밖에 없습니다. 히브리서 10장 26절, 27절을 보겠습니다.

"우리가 진리를 아는 지식을 받은 후 짐짓 죄를 범한즉 다시 속죄하는 제사가 없고" "오직 무서운 마음으로 심판을 기다리는 것과 대적하는 자를 태울 맹렬한 불만 있으리라"(히 10:26-27).

또 다른 한 부류의 가라지들이 있습니다. 이들은 예수를 믿는다고 입으로는 시인하나 죄를 계속 짓고 있는 사람들입니다. 예수를 믿으면서 죄를 범할 수 있지만 죄를 깨닫는 즉시 회개하여 다시는 같은 죄를 짓지 않아야 합니다.

오래 동안 죄 가운데 있으면서 돌이켜 회개하지 않는 사람들이 있습니다. 이들은 회개하라는 말을 여러차례 들었음에도 마음이 완악하여 돌이키지 않는 사람들입니다. 하나님은 이러한 자들을 그대로 버려 두어 심판 받게 합니다.

데살로니가후서 2장 10절, 11절 말씀과 요한계시록 22장 11절 말씀을 보겠습니다.

"이러므로 하나님이 미혹의 역사를 그들에게 보내사 거짓 것을 믿게 하심은 "진리를 믿지 않고 불의를 좋아하는 모든 자들로 하여금 심판을 받게 하려 하심이라" (살후 2:10-11).
"불의를 행하는 자는 그대로 불의를 행하고 더러운 자는 그대로 더럽고 의로운 자는 그대로 의를 행하고 거룩한 자는 그대로 거룩하게 하라" (계 22:11).

이 말씀이 응하는 자들이 가라지입니다. 이들은 마지막 심판의 때에, 또는 이들의 생명이 끝날 때에 심판 받게 되며 멸망 받도록 작정되어 있는 자들입니다. 이러한 가라지는 크게 두 부류입니다. 하나는 거짓 목사들이고 다른 하나는 거짓 교인들입니다.

이들의 특징은 오래 동안 믿어도 회개하지 않은 자들입니다. 오래 동안 믿어도 거듭나지 않은 자들입니다. 오래 동안 믿어도 거룩해지지 않은 자들입니다. 그리하여 심판이 확정된 자들입니다.

그럼에도 불구하고 이들을 즉시로 심판하지 않고 추수할 때까지 기다리는 이유는 단 한 가지입니다. 알이 영글지 않은 곡식들도 함께 멸망할 수 있기 때문입니다. 본문 말씀 중 마태복음 13장 29절을 다시 보겠습니다.

"주인이 이르되 가만 두라 가라지를 뽑다가 곡식까지 뽑을까 염려하노라"(마 13:29).

하나님은 롯이 소돔에서 나올 때까지 유황불을 내리지 않았습니다. 롯과 그의 가족을 보호하기 위한 것이었습니다. 창세기 19장 15절을 보겠습니다.

"동틀 때에 천사가 롯을 재촉하여 이르되 일어나 여기 있는 네 아내와 두 딸을 이끌어 내라 이 성의 죄악 중에 함께 멸망할까 하노라"(창 19:15).

이 구절은 악인들을 심판하려고 불을 내리면 의인인 롯도 죽을 수 있다는 것을 말씀합니다. 이것이 바로 가라지와 함께 곡식이 뽑힐 것을 염려하는 것입니다.

지금 교회 안의 가라지들이 아직 유황불을 맞지 않는 이유가 바로 이것입니다. 교회 안에 롯이 남아있기 때문입니다. 지금 교회를 심판하면 믿음이 자라고 있는 교인들도 함께 휩쓸려 갈 것이기 때문에 조금 더 기다리고 있는 것입니다.

그러나 언제인가 때가 차면 추수를 할 것입니다. 아직은 때가 차지 않아 교회 안의 거짓 목사와 거짓 교인들의 호흡이 붙어 있습니다. 주님이 오시어 성도들을 데려가면 심판이 시작될 것입니다. 소돔의 심판보다 더 참혹한 심판이 교회 안의 가라지를 태울 것입니다.

그러니 여러분은 추수의 때가 오기 전에 자신이 열매 맺지 않는 쭉정이가 아닌지 스스로 살펴야 합니다. 돌아올 수 없는 가라지로 변해가는 것은 아닌지 살펴야 합니다. 그리하여 알이 차지 않은 곡식들은 열매를 맺기 위해 힘써야 할 것입니다.

구원에 이를 만한 믿음으로 자라기를 힘써야 할 것입니다. 아직도 은밀한 죄와 탐심의 죄에 빠져 있는 사람들, 불의한 일을 행하는 사람들은 돌이킬 수 없을 지경까지 가기 전에 죄를 그치고 회개하여야 할 것입니다.

과일나무가 열매를 맺지 못하면 주인이 뽑아버립니다. 열매를 맺지 못할 때에 주인에게 뽑히는 것은 사람도 마찬가지입니다. 그러므로 예수를 믿는 사람들, 성령을 받은 사람들은 믿음의 열매를 맺어야 합니다. 알이 꽉 찬 열매가 주렁주렁 달려있는 나무는 주인이 뽑아 버리지 않을 것입니다. 갈라디아서 5장 22절, 23절을 보겠습니다.

"오직 성령의 열매는 사랑과 희락과 화평과 오래 참음과 자비와 양선과 충성과" "온유와 절제니 이같은 것을 금지할 법이 없느니라" "그리스도 예수의 사람들은 육체와 함께 그 정욕과 탐심을 십자가에 못 박았느니라" (갈 5:22-23).

이 구절은 성령의 열매에 대하여 말씀합니다. 이어서 육체의 정욕과 탐심을 십자가에 못 박으라고 말씀합니다. 이 말씀에는 정욕과 탐심을 버리지 않으면 성령의 열매를 맺을 수 없다는 의미입니다. 이러한 자들은 결국 누가복음 3장 9절 말씀이 응하게 되는 것입니다.

"이미 도끼가 나무 뿌리에 놓였으니 좋은 열매 맺지 아니하는 나무마다 찍혀 불에 던져지리라"(눅 3:9).

이 구절에서 열매는 회개에 합당한 열매입니다. 이러한 열매를 맺으라는 것은 회개한 증거를 삶으로 보이라는 것입니다. 그렇지 않으면 그 영혼이 지옥 불에 던져진다는 것입니다. 그것이 곡식이든, 나무이든, 사람이든 열매가 없으면 아무 소용이 없으므로 모두 불에 던져집니다.

추수의 때에 알곡은 모아서 곳간에 들입니다. 알곡은 구원받은 자들이고 곳간은 천국입니다. 쭉정이와 가라지도 한 곳에 모입니다. 이들은 불 속에 던져집니다. 쭉정이와 가라지는 구원받지 못한 사람들이며 불 속에 던져지는 것은 지옥 간다는 의미입니다.

사람들은 끼리 끼리 모입니다. 같은 학교를 졸업한 사람끼리 모이고 같은 취미를 가진 사람끼리 모입니다. 같은 직업을 가진 사람끼리 모이고 같은 사상을 가진 사람끼리 모입니다. 새들도 같은 깃털을 가진 새들이 함께 모입니다.

믿는 자들도 같은 영을 가진 사람끼리 모입니다. 거듭나지 않은 교인은 거듭나지 않은 교인들끼리 모입니다. 거듭난 성도는 거듭난 성도끼리 모입니다. 하나님의 자녀들은 하나님의 자녀들끼리 모입니다. 마귀의 자녀들은 마귀의 자녀들끼리 모입니다.

거짓 교인은 거짓 교회 안에 있습니다. 참 교인은 참 교회 안에 있습니다. 거짓 교인은 거짓 목사를 따릅니다. 참 교인은 참 목사를 따릅니다. 그리하여 끼리 끼리 천국을 가고 끼리 끼리 지옥을 갑니다.

그러니 본인을 볼 수 없을 때에는 함께 하는 사람들을 보십시오. 여러분은 그 사람과 함께 가게 될 것입니다. 그 사람과 대화도 함께 하고 식사도 함께 하고 여행도 함께 할 것입니다. 그리고 그 사람과 함께 결국에는 천국을 가든지 지옥을 가든지 함께 갈 것입니다.

이것은 여러분이 알곡인지, 쭉정이인지, 가라지인지 구별하는 좋은 방법 중에 하나입니다. 주변을 보고, 내가 함께 하는 자를 보고, 내가 속한 곳을 보는 것입니다. 여러분의 교회가 WCC에 속한 교회인 줄을 알면서도 오랜 습관으로, 관성의 법칙을 벗어나지 못해서, 부모나 가족이 원하므로, 어떤 다른 이유로, 구원과는 상관이 없을 것이라는 안일한 생각으로 계속 섬긴다면 결국에 여러분은 가라지가 되어 그들이 가는 곳으로 함께 가게 됩니다. 왜냐하면 WCC는 가라지를 모아 놓은 곳이기 때문입니다.

여러분이 알곡입니까? 쭉정이가 되지 마십시오. 여러분이 쭉정이입니까? 알곡이 되십시오. 여러분이 가라지입니까? 만약에 가라지라면 미안하지만 대책이 없습니다. 맹렬한 심판의 불만 기다리고 있습니다. 여러분이 알곡이라도 가라지가 모인 곳을 떠나지 않으면 소망이 없습니다. 이는 마치 롯도 소돔을 떠나지 않았으면 멸망할 수 밖에 없는 것과 같은 것입니다.

그러니 WCC에 속한 교단의 교회에서 떠나십시오. 건물이 반듯한 교회에서 떠나십시오. 대형 교회에서 떠나십시오. 재산을 소유한 목사의 교회에서 떠나십시오. 여러분을 구원받았다고 말하는 교회에서 떠나십시오. 마지막 때와 휴거를 가르치지 않는 교회에서 떠나십시오. 요한계시록을 가르치지 않는 교회에서 떠나십시오.

여러분이 알곡이라도 가라지들과 함께 있으면 불살라질 것입니다. 곧 휴거가 일어나고 하나님의 맹렬한 심판이 시작될 것입니다. 지금 하나님은 가라지들을 태우기 위해 단을 묶고 있습니다.

12
교회에서 심판이 시작된다

"하나님의 집에서 심판을 시작할 때가 되었나니 만일 우리에게 먼저 하면 하나님의 복음을 순종하지 아니하는 자들의 그 마지막은 어떠 하며"(베드로전서 4:17).

심판이 교회로부터 시작될 것입니다. 본문 구절이 그렇게 말씀하고 있습니다. 세상이 죄 중에 빠지는 것은 당연합니다. 그러나 교회가 죄를 짓는 것은 당연하지 않습니다. 이것은 매우 기이한 일입니다. 왜냐하면 세상의 죄를 판단하고 없게 하려는 곳이 교회이기 때문입니다. 그러므로 교회가 죄를 짓는 것은 마치 도둑을 잡아야 할 경찰이 도둑질을 하는 것과 같이 기이한 일입니다.

하나님은 믿는 자들과 믿지 않는 자의 죄를 동일하게 벌하지만 그들에 대한 진노는 동일하지 않습니다. 믿는 자들이 죄를 지을 때에 더 크게 진노합니다. 왜냐하면 이들은 하나님의 이름을 더럽히는 죄를 더한 것이기 때문입니다. 그러므로 심판이 하나님의 집에서 시작되는 것입니다.

에스겔 9장 4절에서 7절까지를 보겠습니다.

"여호와께서 이르시되 너는 예루살렘 성읍 중에 순행하여 그 가운데에서 행하는 모든 가증한 일로 말미암아 탄식하며 우는 자의 이마에 표를 그리라 하시고" "그들에 대하여 내 귀에 이르시되 너희는 그를 따라 성읍 중에 다니며 불쌍히 여기지 말며 긍휼을 베풀지 말고 쳐서" "늙은 자와 젊은 자와 처녀와 어린이와 여자를 다 죽이되 이마에 표 있는 자에게는 가까이 하지 말라 내 성소에서 시작할지니라 하시매 그들이 성전 앞에 있는 늙은 자들로부터 시작하더라" "그가 또 그들에게 이르시되 너희는 성전을 더럽혀 시체로 모든 뜰에 채우라 너희는 나가라 하시매 그들이 나가서 성읍 중에서 치더라" (겔 9:4-7).

예루살렘에 어떤 가증한 일이 벌어졌는데 그 일로 인하여 탄식하는 자와 탄식하지 않는 자들이 있었습니다. 하나님은 그 중에 탄식하지 않는 자들을 심판하라고 명령하였습니다. 그런데 시작하는 곳을 지정해 주었습니다. 그곳은 하나님의 성소였습니다. 심판을 받는 사람의 순서도 정해 주었습니다. 가장 먼저 심판을 받는 자들은 성전 앞에 있는 늙은 자들입니다. 성전 앞에 있는 늙은 자들은 제사장과 장로들을 의미합니다.

이 말씀을 현대의 교회에 적용하면 세상에 어떤 악하고 가증한 일들, 예를 들어 동성연애가 번창하고 교회가 동성연애를 인정하는 일들이 벌어지는 데 믿는 자들이 이러한 일로 인해 탄식하고 울지 않으면 심판 받게 되는 것입니다. 타락한 세상도 심판을 받겠지만 그 심판은 교회부터 시작됩니다.

가증한 일은 단지 동성연애에 한정 되는 것은 아닙니다. 교회 안에는 여러가지 다른 죄들도 많이 들어와 있습니다. 한 마디로 표현하면 세상 풍조가 모두 들어와 있습니다. 그 중에도 대표적인 것이 맘몬 신을 섬기는 것입니다. 물질 만능주의가 교회 안에 있다는 것입니다.

세상은 어디에도 돈이 힘을 발휘합니다. 어떠한 조직이나 단체도, 심지어 가정 안에도 돈은 위력을 발휘합니다. 그러나 돈의 위력이 없어야 할 유일한 곳이 있습니다. 그곳은 교회입니다. 그러나 지금의 많은 교회들은 돈이 위력을 발휘합니다.

하나님의 일도 돈으로 하려고 합니다. 돈이 있어야 선교한다고 생각합니다. 돈이 있어야 교회를 부흥시킬 수 있다고 여깁니다. 교회 건물을 짓기 위하여 돈을 저축하고 은행에서 융자를 합니다. 그리고 교인들에게 작정 헌금을 하라고 합니다.

그러나 하나님의 일은 성령의 능력으로 하는 것입니다. 교회의 부흥도 회개하고 전도할 때에 성령이 합니다. 사랑의 빚 외에는 아무 빚을 지지 말아야 하고 돈을 저축하는 것은 성경이 금하는 것입니다. 작정 헌금은 하나님께 맹세하는 것으로 성경이 금하는 것입니다. 교회들이 이렇게 하는 것은 하나님을 의지하지 않고 돈을 의지하는 것입니다.

그러므로 이러한 여러가지 일 중에 한 가지라도 해당되는 교회는 참 교회가 아닙니다. 이러한 교회는 음부의 권세가 해치 못하는 교회가 아니라 오히려 음부의 권세의 밥이 되는 교회입니다. 왜냐하면 돈을 의지하기 때문입니다.

많은 한국의 교회가 큰 건물로 지어져 있고 교회의 주차장에는 고

급 승용차들이 즐비합니다. 재력과 헌금 액수를 기준으로 세워진 부자 장로들이 많습니다. 이러한 교회는 돈 위에 세워진 교회이지 예수의 피 위에 세워진 교회가 아닙니다.

이러한 교회는 재산이 많은 사람을 선대합니다. 헌금을 많이 할수록 교회 안에서 대우를 받고 권세를 누립니다. 목사는 높은 연봉으로 부유한 삶을 살 뿐더러 심지어 돈으로 교회 안에서 정치를 하고 교인들을 조종하기도 합니다. 이처럼 돈이 위력을 발휘하는 교회는 이미 교회가 아닙니다.

이들은 예수의 이름을 빙자하여 실제로는 다른 신을 만들어 모시면서 그것을 교회라고 부릅니다. 이는 마치 이스라엘 백성이 광야에서 황금 송아지를 만들어 놓고 하나님이라고 부르며 뛰놀던 것과 같습니다. 이렇게 하는 것은 참으로 가증한 일이 아닐 수 없습니다.

그렇다면 여러분은 교회 안의 이러한 가증한 일로 인해 탄식하며 울고 있습니까? 아니면 이러한 일들이 황금 송아지를 섬기는 것처럼 가증한 일이라는 것을 깨닫고 있습니까? 예루살렘의 가증한 일로 인하여 탄식하며 울지 않은 자들은 심판을 받았습니다. 일 순위로 성전 앞에 있는 자들을 죽였고 그들의 시체를 성전 뜰에 채우라고 했습니다. 에스겔 9장 6절, 7절을 다시 보겠습니다.

"늙은 자와 젊은 자와 처녀와 어린이와 여자를 다 죽이되 이마에 표 있는 자에게는 가까이 하지 말라 내 성소에서 시작할지니라 하시매 그들이 성전 앞에 있는 늙은 자들로부터 시작하더라" "그가 또 그들에게 이르시되 너희는 성전을 더럽혀 시체로 모든 뜰에 채우라 너희는 나가라 하시매 그들이 나가서 성읍 중에서 치더라"(겔 9:6-7).

이 말씀을 교회에 적용하면 교회 안의 모든 가증한 일로 인하여 하나님이 심판하여 목사와 교인들의 시체가 교회 안에 쌓이게 되는 것입니다. 교인들이 남녀노소를 가리지 않고 모두 죽임당하는 것은 하나님의 진노가 그만큼 크다는 것을 보여줍니다. 이 때에 죽임을 당하지 않은 한 부류의 사람들이 있습니다. 그들은 이마에 표 있는 자들입니다. 그들은 교회 안의 모든 가증한 일을 회개하여 구원의 표를 받은 사람들입니다.

회개는 열매를 맺어야 합니다. 마음과 입으로만 회개하는 것은 진정한 회개가 아닙니다. 행동이 따라야 합니다. 그렇다면 여러분의 회개에 합당한 열매는 어떻게 맺는 것이겠습니까? 그것은 그러한 교회를 책망하고 떠나는 것입니다. 다시는 그러한 교회 안에 들어가지 않는 것입니다. 이러한 가증한 일들을 가슴 아파하며 기도하는 것입니다. 이렇게 하는 것이 회개의 열매를 맺는 것이며 이러한 사람들이 이마에 구원의 표를 받습니다.

심판의 때가 매우 가깝습니다. 어느 평화로운 날 아침에 갑자기 소돔과 고모라에 유황불이 떨어지듯이 심판이 시작 될 것입니다. 노아의 때에 느닷없이 비가 억수로 내려온 인류가 홍수로 죽었듯이 멸망의 날이 갑자기 올 것입니다. 마태복음 24장 37절에서 39절까지를 보겠습니다.

"노아의 때와 같이 인자의 임함도 그러하리라" "홍수 전에 노아가 방주에 들어가던 날까지 사람들이 먹고 마시고 장가 들고 시집 가고 있으면서"
"홍수가 나서 그들을 다 멸하기까지 깨닫지 못하였으니 인자의 임함도 이
와 같으리라" (마 24:37-39).

이 구절은 지금처럼 평화로운 일상의 삶을 살고 있을 때에 갑자기
멸망이 노아의 홍수처럼 닥칠 것이라고 말씀합니다. 요한계시록의
여섯째 인을 뗄 때에 실제로 이러한 일이 발생합니다. 여섯째 인을 떼
면서 휴거가 일어나고 동시에 온 지구는 지진과 유성으로 인해 한 순
간에 지옥으로 변합니다. 요한계시록 6장 12절에서 17절까지를 보겠
습니다.

"내가 보니 여섯째 인을 떼실 때에 큰 지진이 나며 해가 검은 털로 짠 상
복 같이 검어지고 달은 온통 피 같이 되며" "하늘의 별들이 무화과나무가
대풍에 흔들려 설익은 열매가 떨어지는 것 같이 땅에 떨어지며" "하늘은
두루마리가 말리는 것 같이 떠나가고 각 산과 섬이 제 자리에서 옮겨지
매" "땅의 임금들과 왕족들과 장군들과 부자들과 강한 자들과 모든 종과
자유인이 굴과 산들의 바위 틈에 숨어" "산들과 바위에게 말하되 우리 위
에 떨어져 보좌에 앉으신 이의 얼굴에서와 그 어린 양의 진노에서 우리를
가리라" "그들의 진노의 큰 날이 이르렀으니 누가 능히 서리요 하더라"
(계 6:12-17).

이 장면은 휴거 직후에 지구에서 벌어지는 일을 묘사한 것입니다.
이 때부터 7년 대환난이 시작됩니다. 시작부터 얼마나 큰 재앙이 닥

치는 지는 유성이 떨어지는 것과 지진이 발생하는 것으로 짐작할 수 있습니다.

유성은 핵폭탄 만큼이나 큰 위력으로 지구에 떨어지는데 그러한 유성들이 엄청나게 많이 지구에 떨어집니다. 무화과나무의 설익은 열매가 큰 바람에 떨어지듯이 유성이 떨어진다는 표현에서 유성의 숫자가 얼마나 많은 지 짐작할 수 있습니다.

또한 지진의 위력이 얼마나 큰 지는 산과 섬들이 제 자리에서 옮겨진다는 표현에서 상상할 수 있습니다. 큰 지진도 보통은 땅이 조금 흔들리거나 심하여도 땅이 약간 금이 가는 정도입니다. 많이 죽어도 수백 명 수천 명 정도입니다. 그런데 산과 섬이 옮겨질 정도의 지진이라면 이 지진의 강도가 얼마나 크고 얼마나 많은 사람이 죽게 될지 상상할 수 있을 것입니다.

이처럼 큰 재앙의 심판은 회개할 기회와 시간도 없이 닥칠 것입니다. 그 심판은 목사와 교회로부터 시작될 것입니다. 왜냐하면 성경이 그렇게 말씀하고 있기 때문입니다. 그러니 여러분은 지금 교회로 위장하고 있는 가증한 장소에서 떠나야 할 것입니다.

세상 풍조를 따르며 돈을 사랑하는 교회, 교회 건물을 자랑하는 교회, 건축헌금을 명분으로 돈을 저축하는 교회, 돈을 융자하는 교회, 돈이 없으면 아무것도 하지 못하는 교회, WCC나 온갖 교단과 단체에 속한 교회에서 떠나야 할 것입니다. 그리고 이러한 교회로 인하여 여러분은 울며 탄식해야 할 것입니다.

세상 죄에서도 떠나야 할 것입니다. 음란과 방탕과 술 취함과 탐욕과 이기심과 질투와 분냄과 미움과 거짓말과 속임수와 부정과 부패와 온갖 세상의 더러움에서 떠나야 합니다. 여러분은 이러한 세상의 죄들로 인해 울며 탄식해야 합니다.

탄식하며 회개한 사람들은 이마에 표를 받습니다. 그 표는 성령으로 인치는 구원의 표입니다. 이러한 사람들은 어느 날 갑자기 유성이 비처럼 쏟아져도, 지구의 반을 쪼개는 큰 지진이 와도 두려울 것이 없습니다. 자신의 죄와 교회의 죄와 국가의 죄와 세상의 죄를 탄식하며 회개하는 자는 환난을 당하지 않을 것입니다. 환난 중에도 살길이 열립니다.

심판이 하나님의 집에서 시작된다는 것은 가슴 아픈 일입니다. 교회는 구원받는 자들이 모이는 곳이고 구원받기 위하여 모이는 장소입니다. 그런데 그 안에 구원이 없습니다. 이제 구원받기 위하여 교회를 떠나야 하는 때가 되었습니다.

교회가 더 이상 거룩하지 않습니다. 세상보다 더 악해 졌습니다. 세상이 죄로 가득 차 있어도 지옥 가는 법을 가르치지는 않습니다. 그러나 교회는 지옥 가는 길을 천국 가는 길이라고 속이며 가르치고 있습니다.

교인들은 담임목사의 설교를 들으면서 구원받는 줄 압니다. 그러나 교회를 건물로 여기는 목사들은 교인을 구원으로 인도할 수 없습니다. 왜냐하면 성령이 그들과 함께 하지 않기 때문입니다. 그러한 목사의 설교에 아멘 하는 사람은 지옥 자식 되겠다고 아멘 하는 것입니다. 마태복음 23장 15절을 보겠습니다.

"화 있을진저 외식하는 서기관들과 바리새인들이여 너희는 교인 한 사람을 얻기 위하여 바다와 육지를 두루 다니다가 생기면 너희보다 배나 더 지옥 자식이 되게 하는도다" (마 23:15).

오직 성경만이 구원받는 법은 가르칩니다. 그리고 성경은 오직 성령의 조명으로만 이해할 수 있습니다. 그러니 이제 여러분은 성령이 없는 목사의 설교를 듣기보다는 가정에서 스스로 성경을 읽고 묵상하며 성령의 인도함으로 진리를 배우십시오. 가족들과 함께, 또는 같은 믿음을 가진 몇 사람들과 함께 모여 예배 드리십시오. 여러분의 가정을 교회로 만들고 그 안에서 날마다 구원받는 자가 늘어나게 하십시오.

하나님의 심판이 목사와 교회로부터 시작이 된다고 할 때 그것은 거짓 목사와 거짓 교회를 의미하는 것입니다. 참 교회에는 심판이 없습니다. 그러니 여러분은 모두 참 교회가 되어야 할 것입니다. 참 교회는 성령을 받은 교회, 회개한 교회, 복음을 전하는 교회, 가난한 자를 힘써 구제하는 교회입니다. 초대 교회 같은 교회입니다.

참 교회는 건물이 없고 성도들만 있습니다. 거짓 교회는 성도는 없고 건물만 있습니다. 참 교회는 성령이 지배하고 거짓 교회는 사람이 지배합니다. 참 교회는 성령의 능력으로 사역을 하고 거짓 교회는 돈의 능력으로 사역을 합니다. 참 교회는 거룩한 손을 들어 신령과 진정으로 예배를 드립니다. 거짓 교회는 거룩하지 않은 자들이 성전 뜰만 밟고 다닙니다.

성전 뜰에 채워지는 시체는 이러한 거짓 교회의 거짓 교인들입니다. 성전 뜰이 모두 그들의 시체로 채워지는 것은 그러한 교인들의 수가 엄청나게 많다는 것입니다. 믿지 않는 자들보다 잘 못 믿는 자들에 대한 하나님의 진노가 더 큰 것을 보여주는 것입니다. 성전 앞 늙은이들부터 심판이 시작되는 것은 믿는 자들 중에도 목사들에게 더 크게 진노한다는 뜻입니다.

휴거가 발생하면서 7년 대환난의 재앙이 시작됩니다. 많은 교인들이 휴거 되지 못하고 땅에 남겨질 것입니다. 그러나 휴거 되지 못한 사람도 환난을 통과하면서 구원받을 수 있습니다. 회개하여 환난을 잘 이기면 구원받습니다. 그러나 믿는 자들은 이러한 두 번째 기회를 만나지 못할 수도 있습니다. 왜냐하면 심판이 교회로부터 시작되기 때문입니다.

요한계시록의 환난이 시작되는 장면에서 보았듯이 휴거와 동시에 갑자기 유성과 큰 지진이 순식간에 지구에 휘몰아칠 것입니다. 그리하여 수천만에서 수억 이상이 한 순간에 죽을 때에 심판을 받는 교회는 회개할 기회가 없을 것입니다. 소돔과 고모라에 유황불이 별안간 쏟아질 때에 그들 중에 회개할 기회를 가진 사람이 있었겠습니까?

노아의 때에 홍수가 갑자기 닥칠 때에 물 속에 빠진 자들 중에 회개할 기회를 가진 사람이 있었겠습니까? 이와 마찬가지로 휴거 되지 못한 교회는 회개할 기회도 없이 멸망할 수 있습니다.

가룟 유다는 차라리 예수의 제자가 되지 않았더라면 구원받았을지 모릅니다. 마찬가지로 마지막 때에 멸망하는 교인들은 차라리 휴거의 때까지 예수를 믿지 않았더라면 더 좋았을 것이라는 자조의 말을 하게 될지 모릅니다. 왜냐하면 심판이 믿지 않는 자들에게서 시작되지 않기 때문입니다.

나중 된 자가 먼저 되고 먼저 된 자가 나중 되는 반전과 역전의 사건들이 마지막 때에 발생할 것입니다. 대 환난의 와중에도 계속 진행이 될 것입니다. 성전으로부터 심판이 시작되는 것이 먼저 된 자가 나중 되는 사건입니다.

환난을 통과하며 불신자가 구원받게 되는 것은 나중 된 자가 먼저 되는 사건입니다. 먼저 된 자 솔로몬과 부자 청년이 나중 된 자가 되었고 나중 된 자 삭개오와 우편 강도가 먼저 된 것을 기억하십시오.

여러분이 먼저 된 자입니까? 나중 되지 마십시오. 여러분이 나중 된 자입니까? 먼저 된 자가 되십시오. 교회 안에 있는 사람들이 먼저 심판을 받는 것은 비극적인 역설입니다. 구원받기 위하여 교회를 떠나야 한다는 것은 구원에 대한 패러다임이 역전된 슬픈 일입니다.

참 교회는 구원의 방주이고 환난 때의 피난처입니다. 성령 충만하고 예수의 피만 의지하는 참 교회는 기근의 때에도 해함을 입지 않습니다. 그러니 여러분은 이제 여러분이 속한 교회를 다시 한번 살피고 떠나야 할 곳인지 머무를 곳인 지를 성령께 물어야 할 것입니다. 왜냐하면 하나님의 심판이 하나님의 집인 교회로부터 시작되기 때문입니다.

13

죄가 장성한즉
사망을 낳느니라

"욕심이 잉태한즉 죄를 낳고 죄가 장성한즉 사망을 낳느니라" (야고
보서 1:15).

이 설교의 내용은 다소 무겁고 듣기 힘든 부분이 있을 것입니다. 그
렇지만 여기서 얻으려는 교훈이 있으므로 참담한 마음을 누르고 들
어주기를 먼저 당부합니다.

얼마 전에 이스라엘에서 충격적인 사건이 있었습니다. 나는 그 사
건을 뉴스로 접하면서 마지막 때의 징조라는 영감을 받았습니다. 그
리하여 이 설교를 준비하게 되었습니다. 그 사건에 대하여는 설교 말
미에 언급하겠습니다.

여러 가지의 죄가 있지만 그중 가장 혐오스럽고 악한 범죄 중의
하나가 성폭력입니다. 피해 여성의 정신적, 육체적 고통은 참으로 엄
청납니다. 원하지 않은 자녀를 갖게 되거나 낙태의 고통이 뒤따를 수
도 있습니다. 평생 동안 그 후유증에 시달립니다. 그러므로 성폭력은
모든 죄 중에서도 가장 비 인륜적인 것이라고 할 수 있습니다.

성경에는 구체적인 강간 사건이 세 번 있었습니다. 첫째는 야곱의

딸이 하몰의 아들 세겜에게 당한 폭력입니다. 둘째는 레위인 첩이 집단으로 폭행을 당한 사건입니다. 셋째는 다윗의 아들 암논이 이복여동생을 폭행한 것입니다. 그리고 강간 미수 사건도 한 번 있었습니다. 그것은 롯의 집에 방문한 천사를 소돔 사람들이 집단으로 폭행하려 했던 사건입니다.

이 사건들의 공통적인 결말은 그 죄를 지은 자들이 모두 죽임 당한 것입니다. 죄가 사망을 낳는다는 성경 말씀이 응한 것입니다. 욕심이 잉태한 즉 죄를 낳는 다는 말씀도 응한 것입니다. 지금 언급한 성폭행 사건들은 성적인 욕구가 죄를 낳고 그 죄가 엄청난 사망을 낳았습니다.

성경의 폭력 사건들을 통하여 잘못 된 성적인 욕구가 얼마나 엄청난 죄의 결과를 낳게 되는지에 대하여 살펴보겠습니다. 죄는 하나의 죄가 다른 죄를 불러오고 그 죄가 또 다른 죄를 계속적으로 유발하는 연쇄적인 속성이 있다는 사실에 대하여도 나누어 보겠습니다. 그리고 그러한 죄의 사슬을 끊는 지혜에 대하여도 상고해보겠습니다.

첫째, 암논이 다말을 폭행한 사건을 살펴보겠습니다. 사무엘하 13장 14절을보겠습니다.

"암논이 그 말을 듣지 아니하고 다말보다 힘이 세므로 억지로 그와 동침하니라"(삼하 13:14).

암논은 다윗의 첫 아내인 아히노암이 낳은 다윗의 장남입니다. 다말은 다윗의 다른 부인 마아가가 낳은 딸입니다. 그러므로 암논과 다말은 이복 남매입니다. 암논은 다말을 마음으로 사랑하다가 그를 범할 꾀를 내어 강제로 동침하였습니다. 강제로 동침을 한 것을 미루어 보아 암논의 사랑하는 마음은 순수한 것이 아니라 육체의 정욕에 사로잡혔던 것이라는 것을 알 수 있습니다.

잠자리를 함께 하면 결혼해야 하는 것이 하나님의 법이지만 이복형제 간에는 결혼할 수 없습니다. 그러니 다말은 결혼하여 부끄러움을 가릴 수도 없는 수치를 당한 것입니다. 뿐만 아니라 암논은 다말을 범한 직후로 다말을 미워하여 자신의 집에서 내쫓아버렸습니다. 그리하여 다말은 자신의 오빠인 압살롬의 집에서 처량하게 지내게 되었습니다.

그 일이 있은 지 2년이 지난 후에 동생의 복수를 준비하던 압살롬이 양털을 깎을 때에 형제들을 초청을 하였습니다. 압살롬이 초청한 자리에는 암논도 왔습니다. 그리하여 자신의 여동생을 욕보인 암논을 그 자리에서 죽였습니다.

사무엘하 13장 28절 29절을 보겠습니다.

"압살롬이 이미 그의 종들에게 명령하여 이르기를 너희는 이제 암논의 마음이 술로 즐거워할 때를 자세히 보다가 내가 너희에게 암논을 치라 하거든 그를 죽이라 두려워하지 말라 내가 너희에게 명령한 것이 아니냐 너희는 담대히 용기를 내라 한지라" "압살롬의 종들이 압살롬의 명령대로 암논에게 행하매 왕의 모든 아들들이 일어나 각기 노새를 타고 도망하니라" (삼하 13:28-29).

다윗의 셋째 아들이 첫째 아들을 죽였습니다. 다윗 집안의 엄청난 비극입니다. 암논의 죄가 압살롬의 죄를 유발한 것입니다. 압살롬은 이 죄에 그치지 않고 나중에는 아버지에게 반역하여 아버지를 왕위에서 쫓아내고 죽이려 했습니다.

여기에는 두 가지 교훈이 있습니다. 첫째, 하나의 죄는 다른 죄를 불러온다. 둘째, 죄에 대한 징계를 적절히 하지 않으면 더 큰 죄를 유발한다는 것입니다.

암논이 이복 여동생을 폭행하였을 때에 아버지 다윗은 그 사실을 알았습니다. 그럼에도 불구하고 다윗은 암논을 징계하지 않았습니다. 그 때에 다윗이 암논을 적절히 벌하였다면 압살롬이 암논을 죽일 정도로 분노하지는 않았을 지 모릅니다. 아마도 그 때에 압살롬은 암논을 징계하지 않은 아버지 다윗에 대한 분개한 마음도 있었을 것입니다. 그리하여 쿠데타를 일으키고 아버지 다윗을 죽이려고 했을 개연성이 있습니다.

압살롬이 반역하고 아버지를 죽이려고 한 원인을 거슬러 올라가면 자식의 죄를 물어 징계하지 않은 아버지 다윗의 허물도 있습니다. 자녀를 적절히 징계하지 않은 것이 이처럼 큰 화를 불러온 것입니다.

암논은 죄를 범할 때에 자신이 그 죄로 혈육에게 죽임 당할 줄은 예상하지 못했을 것입니다. 하나님이 그렇게 벌할 줄은 꿈에도 몰랐을 것입니다. 암논은 다윗의 장남으로 자신은 물론 주위의 사람들도 아버지를 이어 왕이 될 것으로 생각하여 그 권세가 상당히 컸을 것입니다. 암논은 이처럼 교만하여 보통 사람은 상상도 할 수 없는 반 인륜적인 죄를 지은 것입니다.

그리하여 이 죄는 사슬처럼 이어져 압살롬은 형제 살인의 죄를 범했습니다. 아버지 살해 미수 죄와 반역 죄를 지었습니다. 아버지의 부인과 간음하는 죄를 지었습니다. 암논의 음욕이 강간죄를 잉태하였고 그 죄로 인해 사망을 낳은 것입니다. 그리고 다른 사람의 죄까지 장성하게 하였습니다. 욕심의 결과가 엄청난 재앙을 낳습니다. 본문 말씀이 그대로 응한 것입니다.

"욕심이 잉태한즉 죄를 낳고 죄가 장성한즉 사망을 낳느니라" (약 1:15).

두 번째로 세겜이 디나를 욕보인 사건을 살펴보겠습니다. 창세기 34장 1절, 2절을 보겠습니다.

"레아가 야곱에게 낳은 딸 디나가 그 땅의 딸들을 보러 나갔더니" "히위 족속 중 하몰의 아들 그 땅의 추장 세겜이 그를 보고 끌어들여 강간하여 욕되게 하고" (창 34:1-2).

야곱이 고향으로 돌아와 에서와 화해한 후 가나안의 세겜 성읍에 정착하였습니다. 야곱의 딸 리나가 그 동네 여자들을 보려고 나갔다가 세겜의 추장 세겜에게 겁탈을 당하였습니다. 그리고 세겜과 그의 아버지 하몰이 야곱에게 와서 리나를 세겜의 아내로 달라고 요청하였습니다.

이 일이 있은 후 야곱의 아들들이 여동생의 복수를 하려고 꾀를 냈습니다. 세겜 남자들이 모두 할례를 받으면 디나를 세겜의 아내로 주겠다고 약속하였습니다. 세겜의 남자들이 모두 할례를 받고 아파할 때에 야곱의 두 아들 시므온과 레위가 그들을 모두 죽였고 야곱의 여러 아들들이 그들의 물건을 노략하였습니다.

육체의 정욕으로 죄를 범한 세겜은 그 벌로 자신도 죽었고 아버지도 죽었습니다. 그의 형제도 모두 죽었고 그 성읍의 모든 남자가 죽임 당하였습니다. 한 사람의 정욕으로 인한 죄로 수많은 사람들이 살육을 당하였습니다. 다시 한번 본문 말씀을 상기하겠습니다.

"욕심이 잉태한즉 죄를 낳고 죄가 장성한즉 사망을 낳느니라" (약 1:15).

세 번째로 소돔 사람들이 천사를 성폭행하려고 한 사건을 살펴보겠습니다. 창세기 19장 4절, 5절을 보겠습니다.

"그들이 눕기 전에 그 성 사람 곧 소돔 백성들이 노소를 막론하고 원근에서 다 모여 그 집을 에워싸고" "롯을 부르고 그에게 이르되 오늘 밤에 네게 온 사람들이 어디 있느냐 이끌어 내라 우리가 그들을 상관하리라" (창 19:4-5).

여기서 "오늘 밤에 네게 온 사람들"은 두 천사입니다. 이들은 아브라함에게 일 년 후에 아이를 낳게 될 것이라는 예언을 해주고 롯을 방문하였습니다. 천사들은 소돔의 죄가 너무 커서 하나님이 유황불로 심판할 것이므로 피할 것을 롯에게 알리러 온 것입니다.

외지인이 들어온 것을 안 소돔의 사람들이 롯의 집으로 와서 그

외지인들을 끌어내려고 하였습니다. 외지인 남자로 보이는 두 천사를 강간하려고 했습니다. 늙은이 젊은이를 막론하고 왔고 가까이서도 왔고 멀리서도 왔습니다. 그것도 남자가 남자를 성폭행하기 위하여 온 것입니다.

이 장면을 보면 소돔은 외지인을 집단으로 성폭행 하는 것이 전통이고 문화였던 것으로 여겨집니다. 두 천사는 그들의 눈을 멀게 하여 피해를 당하지 않았지만 구역질 나는 패륜의 극치를 보여주는 장면입니다.

소돔과 고모라가 멸망한 이유가 바로 이것입니다. 육체의 욕심을 따라 죄를 지었고 그 죄가 장성하여 사망에 이른 것입니다. 이 죄로 하루 아침에 수십만 명이 죽었습니다. 본문 말씀이 응한 것입니다.

"욕심이 잉태한즉 죄를 낳고 죄가 장성한즉 사망을 낳느니라" (약 1:15).

이 집단 성폭행 사건은 미수에 그쳤지만 이와 같은 사건이 수백 년 후 이스라엘에 왕이 없던 때에 실제로 발생하였습니다. 기브아 사람들이 레위인 첩을 집단 성폭행한 사건입니다. 사사기 19장 25절을 보겠습니다.

"무리가 듣지 아니하므로 그 사람이 자기 첩을 붙잡아 그들에게 밖으로 끌어내매 그들이 그 여자와 관계하였고 밤새도록 그 여자를 능욕하다가 새벽 미명에 놓은지라" (삿 19:25).

에브라임에 사는 한 레위인이 음행을 하고 친정집으로 가버린 자신의 첩을 찾으러 베들레헴으로 갔습니다. 이 레위인은 자신의 첩을 용서하고 함께 집으로 돌아오는 길에 베냐민 지파가 사는 기브아라는 곳에 유숙하였습니다.

그곳에서 유숙하려고 할 때에 동네의 불량배들이 찾아와 이들을 집단으로 성폭행 하려고 했습니다. 이들은 여자는 물론 남자까지도 성폭행 하려고 한 것입니다. 그리하여 레위인이 자신의 첩을 그들에게 내주고 자신은 화를 피하였습니다. 그런 후 그의 첩은 밤새도록 폭행을 당하였고 유숙하는 집의 문 앞에 죽은 채로 내버려졌습니다.

이 사건은 성경 전체를 통하여 가장 참혹한 범죄일 것입니다. 성경은 전쟁으로 하루에 수만 명이 죽기도 하고 아이들까지도 살육을 당하는 사건들이 많이 소개됩니다. 돌을 쳐서 죽이고 불로 태워 죽이는 장면도 있습니다. 혈육 수십 명을 한 번에 죽이기도 합니다. 여러 가지 참혹한 사건들이 성경에는 소개되지만 어떤 사건도 이 사건 만큼 마음을 참담하게 하는 사건은 없습니다.

죄는 여기에서 끝나지 않았습니다. 레위인은 첩의 시체를 열 두 토막을 내어 이스라엘의 각 지파로 보내고 모든 사건의 내용을 알렸습니다. 베냐민 지파를 제외한 열 한 지파가 모여 이러한 만행을 저지른 자들을 넘겨주어 죽일 수 있게 하라고 베냐민 지파에게 요청하였습니다.

그러나 베냐민 지파는 그렇게 하지 않았습니다. 그리하여 둘 사이에 전쟁이 벌어졌습니다. 열한 지파 중에서는 4만 명이 죽었고 베냐민 지파는 육백 명을 제외하고 남자 성인들의 씨가 마를 정도로 죽임당했습니다. 짐승 같은 인간 몇 명이 저지른 성범죄가 결국 이스라엘 사람 수만 명을 죽게 한 것입니다.

이 사건의 죄의 연결고리를 분석해보겠습니다. 성경은 일부다처제를 인정합니다. 그러므로 두 명 이상의 부인을 가지거나 첩을 둘 수도 있습니다. 그러나 성경은 레위인에 대하여는 특별히 거룩할 것을 강조합니다. 왜냐하면 그들은 제사장 직분과 성전의 일들을 하기 때문입니다. 그러므로 다른 지파에서 주는 십일조로 생계를 이어가게 하고 다른 기업은 주지 않은 것입니다.

그럼에도 불구하고 레위인은 부인이 하나여야 한다는 법은 없습니다. 그러므로 레위인이 아내를 둘 이상 두는 것이 불법은 아니지만 성결한 레위인들은 가능한 한 사람의 부인을 두고 지냈을 것으로 추정됩니다. 신약의 시대에도 교회의 리더 자격 중에 하나가 한 아내의 남편이어야 한다고 말씀합니다. 디모데전서 3장 12절을 보겠습니다.

"집사들은 한 아내의 남편이 되어 자녀와 자기 집을 잘 다스리는 자일지니"(딤전 3:12).

그렇다면 첩을 둔 이 레위인은 그리 깨끗한 레위인은 아닐 것입니다. 이러한 사실은 음행을 한 첩을 다시 받아들인 사실에서도 알 수 있습니다. 고대에는 바람난 여자는 돌로 쳐 죽이는 것이 법이었습니다. 죽이지는 않더라도 레위인이 부정한 여자를 다시 첩으로 받아들이는 것은 하나님의 법에 어긋납니다. 하나님의 거룩함을 손상시키는 일입니다.

이 사건은 여자가 남편을 속이고 음행한데서 시작되었습니다. 그러나 이 죄는 여기서 끝날 수도 있었습니다. 레위인이 음행을 한 첩을 데려오려고 하지 않았다면 이 사건은 더 이상 번지지 않았을 것입니다. 첩이 범한 음행의 죄가 음행 한 여자를 다시 받아들이는 레위인의 죄로 연결되었습니다.

레위인은 불량배들이 폭행하려고 할 때에 저항하여 자신의 첩을 지켜야 했습니다. 그러나 레위인은 자신의 화를 면하려고 첩을 불량배들에게 내주었습니다. 이것은 신의와 인륜을 저버리는 죄입니다. 그리하여 이 죄는 다시 불량배들이 한 여자를 여러 명이 폭행하는 죄로 이어졌습니다.

이 죄는 여기서 끝나지 않았습니다. 레위인은 자신의 첩의 시체를 토막내는 엽기적인 일을 하였습니다. 시체는 손상하면 안 됩니다. 그것도 법입니다. 불에 태우거나 묻어야 합니다. 그럼에도 불구하고 하나님의 법을 잘 지켜야 할 레위인이 분노를 참지 못하여 시체를 열두 토막으로 잘라 다른 사람들에게 보냈습니다. 참으로 죄에 죄가 그치지 않고 연쇄적으로 이어지고 있습니다.

레위인은 자신의 첩이 죽지만 않았다면 폭행을 당한 첩의 고통을 위로하고 집으로 돌아오려고 했을 지 모릅니다. 자신의 첩이 그러한 폭행을 당한 것에 대한 분함이 있어도 생명에만 지장이 없으면 조용히 돌아와서 살려고 했을지도 모릅니다.

그러나 성폭행을 당한 것도 분노할 일인데 그로 인해 죽기까지 하였습니다. 레위인의 분노는 엄청났을 것으로 충분히 짐작할 수 있습니다. 이러한 분노를 이기지 못함으로 시체를 토막내는 죄를 짓고 그 죄는 더욱 큰 죄를 유발하였습니다.

수만 명의 이스라엘 사람들이 서로 칼로 죽이는 큰 죄를 범하게 되었습니다. 육체적인 욕심을 참지 못하여 범한 몇 사람의 죄가 이처럼 엄청난 재앙을 가져올 줄은 아무도 몰랐을 것입니다.

이상으로 성경의 실제 사건들을 통하여 욕심이 얼마나 큰 죄를 잉태하고 그 죄는 얼마나 많은 사람들을 사망에 이르게 하는 지 조명해 보았습니다. 또한 죄는 한 번으로 끝나는 것이 아니라 다른 사람의 죄를 유발한다는 사실도 깨달았습니다.

그렇다면 이러한 죄의 와중에 중간에 고리를 끊을 수는 없는지 상고해보겠습니다. 죄는 원수를 갚거나 보복을 하기 위하여 짓게 되는 경우가 많습니다. 압살롬도 여동생을 복수한 것이고 야곱의 아들들도 그렇게 한 것입니다. 레위인도 동일하게 보복을 하려고 하다가 더 큰 화를 불러온 것입니다.

그렇다면 죄의 고리를 끊는 방법은 보복하지 않는 것이라고 할 수 있습니다. 이것은 원수를 사랑하라는 하나님의 계명을 지킴으로 해결할 수 있습니다. 그럴 때에 더 큰 죄들이 연쇄적으로 일어나는 것을 막을 수 있습니다. 그렇지 않으면 보복은 계속적으로 반복되고 사망도 더욱 늘어납니다.

그러니 그 때에 압살롬이 암논을 용서하고 야곱의 아들들이 세겜을 용서하고 레위인이 기브아 사람들을 용서하였다면 더 큰 비극은 막을 수 있었을 것입니다. 사망을 줄일 수 있었을 것입니다. 그러니 용서가 죄의 고리를 끊는다는 진리를 기억해야 하겠습니다.

인간들에게는 여러가지 욕심이 있지만 가장 대표적인 두 가지는 육체적인 욕심과 돈 욕심입니다. 지금 소개한 것은 이 둘 중에서 육체적인 욕심을 주제로 한 것입니다. 육체적인 욕심이 이처럼 큰 죄와 사망을 불러왔다면 돈 욕심도 동일하게 죄를 부르고 사망을 낳을 것이 분명합니다.

현실에서는 이 두 가지 욕심으로 인한 죄가 차고 넘치지만 실제로 감옥을 가는 죄는 대부분이 돈 욕심에 의한 죄 때문입니다. 그 이유는 성적인 죄는 은밀하게 이루어진다는 속성이 있기 때문입니다. 예를 들어 매춘과 매춘 알선은 미국과 한국에서 모두 불법이지만 은밀하게 이루어지므로 많이 발생하고 있음에도 적발이 거의 되지 않습니다.

또한 미국과 한국은 간음과 간통이 불법이 아닙니다. 한국은 오랫동안 간통이 불법이었지만 5년 전에 그 법이 바뀌었습니다. 그리하여 이제는 그러한 죄를 도덕적인 문제로 여길 따름입니다. 그러니 아마도 간통 사건은 그것이 불법이었던 때보다 훨씬 더 많이 이루어질 것이라고 추측을 할 수 있습니다. 성희롱과 성폭행 사건도 빈번히 일어나지만 돈 때문에 짓는 범행의 수보다는 상대적으로 훨씬 적습니다.

실제로 세상 범죄의 대부분이 돈 욕심이 원인이 되어 발생합니다. 사람들은 돈 욕심으로 도둑질을 하고, 사기를 치고, 뇌물을 받고, 공금을 횡령하고, 강도 짓을 합니다. 심지어 살인까지도 합니다.

부부가 이혼하면서 재산 분배 문제로 다투다가 남편이 부인을 살해한 사건이 있었습니다. 빚을 갚지 않으려고 채권자를 죽이기도 합니다. 돈을 강탈하기 위하여 사람을 죽입니다. 이러한 모든 일이 바로 본문 말씀이 응하는 것입니다.

"욕심이 잉태한즉 죄를 낳고 죄가 장성한즉 사망을 낳느니라" (약 1:15).

그러니 여러분은 돈에 대한 욕심을 버리십시오. 돈 욕심을 가져도 죄는 짓지 않는다고 말하는 사람이 있을 지 모릅니다. 그러나 돈 욕심은 그 자체로도 죄입니다. 그것이 얼마나 더 큰 죄로 퍼지게 될지 아무도 모릅니다. 작은 불씨 하나가 온 산을 태울 수 있습니다.

결혼하여 배우자가 있음에도 육체의 죄를 짓는 것은 부부가 서로 사랑하지 않기 때문입니다. 서로 신뢰하지 않기 때문입니다. 이러한 틈을 타고 사탄이 역사하는 것입니다. 그러니 부부들은 서로 사랑하십시오. 마음과 몸과 정성을 다하여 서로 사랑하십시오. 그리하여 육체의 욕심으로 죄를 짓지 마십시오.

배우자가 없는 사람이 육체의 죄를 짓는 이유는 결혼하지 않음으로 발생하는 것입니다. 그러니 결혼하여 그러한 죄의 유혹에서 벗어나고 혹시 죄 중에 빠져 있다면 회개하고 돌이키십시오. 고린도전서 7장 9절을 보겠습니다.

"만일 절제할 수 없거든 결혼하라 정욕이 불 같이 타는 것보다 결혼하는 것이 나으니라" (고전 7:9).

이 말씀에 감동이 되어 속히 결혼하기를 원하는 사람은 나의 "설교 161 하나님이 인도하는 결혼"을 참고로 들어보십시오. 그대로 행하면 누구든지 빠르고 쉽게 가장 좋은 결혼을 할 수 있습니다.

레위인과 그의 첩에 대한 이야기는 성경에서 이렇게 시작이 됩니다. 사사기 19장 1절을 보겠습니다.

"이스라엘에 왕이 없을 그 때에 에브라임 산지 구석에 거류하는 어떤 레위 사람이 유다 베들레헴에서 첩을 맞이하였더니" (삿 19:1).

하나님은 여호수아 이후에 사사를 세워 이스라엘을 다스리게 하였습니다. 그 기간이 약 400년 정도였습니다. 그 후에 이스라엘 백성이 왕을 원하므로 초대 왕으로 사울을 세웠습니다. 사사 시대에는 왕이 없었으므로 이 사건의 서두를 "이스라엘에 왕이 없을 그 때에"라고 시작한 것입니다.

그러나 이 구절에는 숨은 의미가 있습니다. 하나님은 직접 이스라엘의 왕으로 통치하기를 원했습니다. 그러므로 이스라엘 백성이 왕을 세워 달라고 말할 때에 하나님은 이 백성이 하나님을 그들의 왕이 되지 못하게 하는 것이라고 말씀하였습니다. 사무엘상 8장 7절을 보겠습니다.

"여호와께서 사무엘에게 이르시되 백성이 네게 한 말을 다 들으라 이는 그들이 너를 버림이 아니요 나를 버려 자기들의 왕이 되지 못하게 함이니라" (삼상 8:7).

즉 "이스라엘에 왕이 없을 그 때에"라는 말씀은 "이스라엘 백성이 하나님을 왕으로 여기지 않을 때에"라는 의미입니다. 또한 "이스라엘 백성이 하나님의 말씀에 순종하지 않을 때에"라는 의미이기도 합니다.

이 때의 특징이 바로 사람마다 자기의 소견에 옳은 대로 행하는 것이었습니다. 사사기에는 이러한 말씀이 반복됩니다. 사사기 17장 6절과 사사기 21장 25절을 보겠습니다.

> "그 때에는 이스라엘에 왕이 없었으므로 사람마다 자기 소견에 옳은 대로 행하였더라" (삿 17:6).
> "그 때에 이스라엘에 왕이 없으므로 사람이 각기 자기의 소견에 옳은 대로 행하였더라" (삿 21:25).

하나님을 왕으로 섬기지 않으니 레위인은 첩을 얻었습니다. 첩은 부정하였습니다. 레위인은 부정한 여인을 다시 받아들였습니다. 외지인을 집단 성폭행하였습니다. 하나님을 왕으로 여기지 않으므로 하나님의 계명은 지키지 않고 자기 소견에 옳은 대로 행하며 죄 가운데 빠져 있었습니다.

얼마 전 이스라엘에서 레위인 첩에게 일어난 사건과 유사한 일이 발생하였습니다. 술에 취한 한 여성을 여러 명의 남자들이 성폭행 한 것입니다. 사사기 때에는 이스라엘에 왕이 없으므로 자기의 소견 대로 행하며 이러한 죄를 지었습니다. 하지만 지금의 이스라엘에는 왕도 있고 법도 있습니다. 대통령과 수상이 있고 국민들은 여호와 하나님을 아는 사람들입니다.

문명도 발달하였고 국민소득도 한국보다 30퍼센트나 더 높습니다. 첨단 기술은 세계 최고의 수준입니다. 이러한 나라 이스라엘에서 성경 역사상 가장 패악한 죄와 동일한 죄가 발생하였다는 것은 매우 충격적입니다. 그 사건을 뉴스로 들으며 레위인 첩에 대한 이야기와 소돔과 고모라의 사건들이 떠올랐습니다. 그리하여 이 설교를 하도록 감동을 받았습니다.

이 사건은 2020년 8월 12일 이스라엘의 남부 해안 도시인 에일랏의 한 작은 호텔에서 벌어졌습니다. 삼십 명의 남자들이 열여섯 살 먹은 소녀를 강간하거나 그 장면을 목격하고 있었던 사건입니다. 사건 직후 네 명이 강간 혐의로, 일곱 명이 범죄의 현장에 있으면서 신고하거나 도와주지 않은 죄목으로 기소되었습니다. 아직 범죄 현장에 있었던 나머지 사람이 다 체포되지 않았는데 이들이 모두 체포된다면 범죄자는 더 늘어날 것으로 보입니다.

이들은 롯의 집에 성폭행하기 위해 몰려왔던 소돔과 고모라 사람들의 모습과 동일합니다. 레위인의 첩을 집단 폭행한 기브아 사람들을 연상케 합니다. 그들이 받은 심판을 떠오르게 합니다. 집단 성폭행자들이 받은 심판은 집단 사망이었습니다.

지금 지옥에 있는 소돔과 고모라 사람들이 이스라엘에서 벌어지는 일을 보며 공평하지 않다고 하나님께 신원할 것입니다. 이스라엘은 현재 그렇게 타락하였습니다. 이스라엘의 공항이 있는 지중해 바닷가의 텔아비브는 이미 동성연애자의 새로운 명소로 자리를 매긴지 오래 되었습니다.

동성애자들의 퍼레이드가 매년 열리고 이 도시는 안식일에 영업을 금지하는 법도 폐기해버렸습니다. 사해 옆에 있던 소돔이 사천 년 만에 지중해 해변으로 자리를 옮긴 것입니다. 지금 이스라엘의 제2 도시는 세계에서 가장 음란하고 타락한 도시가 되어버렸습니다. 그러니 지금 이스라엘은 언제 유황불이 떨어질지 모르는 때를 살고 있는 것입니다.

요한계시록은 마지막 때에 예루살렘이 소돔처럼 되어버릴 것을 예언하였습니다. 요한계시록 11장 8절을 보겠습니다.

"그들의 시체가 큰 성 길에 있으리니 그 성은 영적으로 하면 소돔이라고도 하고 애굽이라고도 하니 곧 그들의 주께서 십자가에 못 박히신 곳이라"(계 11:8).

칠 년 대환난 중에 두 증인이 삼 년 반 동안 사역을 합니다. 그런 후 적그리스도에게 죽임을 당하여 그들의 시체가 예루살렘의 길에 놓여 있습니다. 그런데 예루살렘이 영적으로 소돔과 같다고 말씀합니다.

예수님은 무화과나무를 보고 마지막 때의 징조를 배우라고 했습니다. 무화과나무는 이스라엘을 상징합니다. 이스라엘의 어떠함이 마지막 때의 징조를 보여줍니다. 그렇다면 이보다 더 확실한 마지막 때의 징조가 없을 것입니다. 소돔과 고모라에서 볼 수 있는 일이 이스라엘의 한 도시에서 발생하였다면 이것은 지금이 마지막 때라는 것을 매우 분명하게 보여주는 것입니다.

그러니 여러분은 어떠해야 하겠습니까? 육체의 욕심과 돈 욕심을 버리지 못한 채 계속 살아야 하겠습니까? 뉴욕과 서울이 텔아비브보다 깨끗하지 않습니다. 여러분의 욕심이 성경에서 멸망한 다른 모든 사람들의 욕심보다 덜하지 않습니다. 회개하지 않으면 그들처럼 멸망하는 것입니다. 누가복음 13장 4절 5절을 보겠습니다.

"또 실로암에서 망대가 무너져 치어 죽은 열여덟 사람이 예루살렘에 거한 다른 모든 사람보다 죄가 더 있는 줄 아느냐" "너희에게 이르노니 아니라 너희도 만일 회개하지 아니하면 다 이와 같이 망하리라" (눅 13:4-5).

이제 여러분은 육체의 정욕과 재물의 탐심을 십자가에 못 박으십시오. 죄는 그 모양이라도 버리십시오. 그리하여 사망을 낳지 마십시오. 세상 끝 날의 징조가 이스라엘에서 보이고 있습니다.

영혼을 살리는 설교 4
하나님의 음성과 순종

초판 1쇄 2021년 04월 03일

지은이 다니엘 조
펴낸곳 쉐미니 아쯔렛
이메일 sukkot777@gmail.com
등 록 2018. 8. 20 제2018-000081

ISBN 979-11-964731-7-4 03230